福建省第二届小学名师培养丛书

林枫一 著

简雅语文教学

总 序

教学主张：教师从优秀走向卓越的专业生长点

教学主张是名师教学的内核和品牌，缺乏教学主张，或者教学主张不鲜明、不坚定，就称不上是真正意义上的名师。无论是名师个体的自我成长还是名师工程的定向培养，主张的提出是关键（前提），主张的研究是核心（中心）。

教学主张是名师的教学思想、教学信念。思想来自于思考，优秀教师在教学实践活动中都会自觉不自觉、有意无意地对相关问题进行思考，并在此基础上产生或形成对教学的一些看法、想法、念头、观点，我们将其统称为教学思考。这些思考不乏是有价值的见解，但总体而言，是相对零散，不够系统的；是相对浅层，不够深度的；是相对模糊，不够清晰的。只有经过理性加工和自我孵化，教学思考才能提升和发展成为教学思想。教学思想是教师对教学问题的系统的、深刻的、清晰的思考和见解，它具有稳定性和统领性。稳定性意味着思想一旦形成，不容易改变；统领性指的是对教学行为的影响力，行为是由思想而生的。

教学主张是名师的“个人理论”，它来自实践又高于实践。理论来自实践，优秀教师在教学实践活动中都会形成和积累一些行之有效的做法、招数、策略、特点、亮点，我们将其统称为教学经验，这是真正原生态、原发性的东西。我们认为，相应的实践经验无疑是促进理论滋生的最有价值的资源，教师的个人理论一定是来自教师个人的实践和经验，但是，由实践到理论，由个人经验到个人理论，这个过程不是自发产生和实现的。名师不仅要有实践意识，而且需要有理论自觉，一方面把自己的经验，把自己的所行、所见、所闻、所得加工、提炼、升华为理论；另一方面，用先进科学的理论反思、批判、充实、引领自己的实践和经验。通过这样的双向互动，把自己的经验要素转化为充满思维和智慧含量、可资借鉴（更具有普适性和启发性）的“理论因子”，从而不断形成和完善自己关于教学的“个人理论”，这就是教学主张的内核。

总之，教学主张引领教师从教学思考走向教学思想，从教学经验走向教学理论，这是教师从优秀走向卓越从而实现自我超越的根本支点。对名师个人而言，提出教学主张就是给自己树立一面旗帜！打造一只“天眼”！大凡成功的、有影响的教学名师和流派均有自己鲜明的、独特的、坚定的教学主张，教学主张是教师走向教育家的必经之路。因此，提出教学主张不仅是名师个人成长的关键环节，也是名师工程培养名师的核心抓手。

名师不仅要敢于、善于提出教学主张，而且还要围绕教学主张系统开展研究，它主要包括以下两个方面：

一、教学主张的理论研究

这一研究类似于学者、专家的学术研究，它使名师研究区别于普通教师的所谓校本研究。理论研究的过程是理论思维的过程，是一种形而上的研究。恩格斯曾经精辟地指出：“一个民族想要站在科学的最高峰，就一刻也不能没有理论思维。”中小学名师的教学理论研究就是对自己教学主张的理论论证，它要求教师暂时搁置自己的实践和经验，在理论的高度和轨迹上进行系统和抽象的论证和阐明，从而把自己的教学主张阐明得深刻、清楚、丰富，有逻辑性、有思想性。这个过程对一线的教师是个巨大的挑战，但是名师必须接受这个挑战，并在这个挑战中实现自我突破、自我超越、自我提升，这样才能从普通教师走向教育家。

理论研究的内容和要点主要有：

1. 教学主张的概念和内涵界定。提出一个主张意味着提出一个或若干个概念，理论研究都必须从概念界定开始，概念界定也就是界定概念的内涵和外延。关于概念的界定，有必要强调两点：第一，要基于概念的本意，任何概念都有自己的本质内涵，它是在历史的过程中形成的人类共识，名师的概念解读要以此为出发点和起点。第二，要有自己的新意，名师对教学主张及其概念要是没有自己独特的见解、看法和感悟，那么这个主张及其研究就没有多大的价值和意义。名师一定要善于从不同角度和方面去挖掘、揭示和阐述概念的内涵，这是把教学主张写得丰满和厚实的逻辑前提。

2. 教学主张的理论基础和依据。理论基础是某种主张、某种观点立论的理论依据。任何新主张、新观点都不可能是凭空产生的。名师的教学主张、观点，它的提出和发展同样有其理论基础。教师在提出教学主张的同时，一定要从哲学、认识论、心理学、教育学等学科去寻找其立论的依据。关于理论基础与教学主张的关系，我们要特别强调“有机性”三个字。有机性指两者之间的关系是内在的，不是外加的，就像地基与房屋的联系是一体的而不是拼凑的一样。名师一定要把教学主张的最直接的最核心的理论基础找出来、挖出来，务求准确、简洁、到位，并把两者的内在的逻辑联系揭示清楚，使其成为一个有机的理论体系。

3. 教学主张的具体观点和内容。这是名师研究的中心任务。概念界定和理论基础的寻找只是研究的前奏和起点，教学主张的观点和内容的展开才是研究的重头戏。教师一定要根据教学主张研究的主题、概念内涵和理论基础，从学科教育教学的不同方面和角度去挖掘、构建、提炼教学主张的核心要点，并加以系统阐述，使其成为一个结构和体系。所谓“横看成岭侧成峰，远近高低各不同”，对一个问题要从尽可能多的角度去思考，才能认识更全面、更透彻、更有新意。

二、教学主张的实践研究

这一研究本质上就是中小学教师的行动研究，它使名师研究区别于专家、学者的所谓学术研究。实践研究就是行动研究，是一种形而下的研究。

名师的实践研究的主要内容包括：

1. 教学主张的教材化研究——使教学主张有根有源。教学主张作为名师思想和智慧的结晶，是名师钻研和解读教材的独特视角，是名师发现、挖掘教材新意的探测器。正如尼采所说：有各式各样的“眼睛”，因而有各式各样的“真理”。名师要用主张来统领、解读教材，这是给教材注入、渗透主张、思想、智慧的过程，使教材个性化、生命化；与此同时，不断从教材中挖掘和提炼出体现和反映教学主张的内容和意义出来，使主张变得厚重、丰富，有根有源。

2. 教学主张的教学化研究——使教学主张看得见、摸得着。教学主张不仅要进入教材，还要进入教学。教学主张的教学化研究，简单的说就是要用教学主张作为教学的导向，并将其融入教学实践的每一个“毛孔”，使名师的教学活动“烙上”自己的思想和个性，进而形成自己的风格。著名特级教师于漪说的好：“教出自己个性的时候，才是学生收获最大的时候。”而教出风格的时候，才是名师成熟的时候。

3. 教学主张的人格化研究——使教学主张名师化、精神化。教学主张不但要进入教材、进入教学，还要进入教师本人，成为教师人格的一部分和特征。名师的主张不仅通过教材、教学表现出来，还要通过名师自己的生活和为人表现出来，这样才更令人信服。

三年来，我们坚定地要求和不遗余力地指导名师培养人选提炼教学主张并围绕教学主张开展深度的研究，这是我们名师培养工程的主题、主线索、主工作。现在摆在我们面前的一本本专著就是这一研究的代表性成果。三年之前，不仅学员，就连我们名师工程的专家委员，都觉得，这是一项不可能完成的任务。名师就是要做“不可能实现的事情”。我们欣慰地看到，不少名师培养人选通过三年的刻苦努力，实现了专业发展的自我蜕变和自我超越，成为真正意义上的名师了。

作为名师培养工程的一名导师，我深深地感到：名师是可以培养的，而培养的法宝就是教学主张。

福建省中小学名师培养工程专家工作委员会　余文森

序

一个逐梦人的成果

三尺讲台，往往承载着教师的人生梦想。许多一线教师，怀揣着教书育人的梦想，犹如夸父逐日，日复一日、默默无闻地在教育征途上奔跑。然而，教育终究是复杂、艰辛的事业，并不是所有的人都能实现自己美好的梦想。在这个逐梦的过程中，我们需要时不时地停下脚步，静静地回望与思考，途中路过了什么风景，收获了什么感受。唯有这样，我们才能累积更为专业的教育经验与方法，具备更为丰富的内涵与精神，才能真正实现逐梦的理想！

林枫老师就是一个成功的逐梦者！

她带领着她的名师团队经过多年艰辛的探索，逐渐形成了独具特色的“简雅语文教学”的主张。所谓“简雅”，其核心理念就是删繁就简，去粗取精，让课堂简约而不简单，爆发美的活力，呈现美的境界。它追求教学目标的简明、教学内容的简约、教学过程的简朴，实现课堂教学的雅致优美。它倡导的是走向“雅”的“简”——简之极，雅之至，追求培养雅正、雅趣、雅致的文雅之人，让语文核心素养在简雅课堂中真正落地生根。因此，可以说“简雅语文”其理念本质是遵循教育规律和人的全面发展规律，又不失色彩斑斓的诗意和春风化雨的神韵。“简雅语文教学”主张的问世，为福建小语带来一股清新、典雅之风，也为我国小语界“教学主张”的巨著增添了精彩的一页。

林枫老师也是一个杰出的逐梦者！

她不但提出自己的教学主张，更把这个主张付诸于教学实践，现在，她又把它提炼升华，编撰成《简雅语文教学》这一专著！

此书围绕“简雅语文教学”的主张进行了详细的阐述和分析，着力阐述了审美教学与“简雅教学”主张的关系。作者认为审美教育的主要目标是提升学生的审美能力，健全学生的人格。在小学阶段进行审美教育，对学生今后的审美能力的形成具有重要意义。而语文可以说是最有魅力、最具艺术性的学科之一。在社会各界对小学语文教学质量的重视程度越来越高的背景下，更好地开展小学语文的审美教学成了小学语文教师的必然选择。“简雅语文”正是在追求“大道至简”的同时“崇美尚雅”。它主张教师在备课时要雅正精准地解读课文，深入挖掘文本所蕴含的美；在教学时，要着力引导学生领悟作者的匠心独运，深刻体会课文的美。在课堂中，贯穿“简”与“雅”的审美体验，让学生沉浸于语文的美感体验中。

《简雅语文教学》从各个方面对简雅教学进行了精准的解读，从一个侧面反映了作者及其名师工作室团队的成长轨迹。经过多年的教学实践，“简雅语文教学”的主张已经转化为一种简约大方、雅致本真的教学模式与教学风格。在《简雅语文教学》一书中，作者详细介绍了简雅教学和简雅课堂、简雅语文课堂的创建、简雅语文的文体教学以及简雅语文教学实践。作者特别细致地阐述了简雅语文课堂创建中的教学策略、教学实施；简雅教学实践中的解读、设计、诊断和生成等等。比如，“简雅语文”课堂的设计，在宏观上体现在“板块”设计的简洁雅致、清新疏朗；中观上体现在课堂环节安排得精粹实在、以一当十；微观上体现在“细节”处理的文气十足、雅致美妙。书中还展示了一些经典教学案例分析，客观反映了对简雅教学核心价值的追寻，它可以让简雅教学的概念与生成在读者脑海中变得更加直观且生动。

林枫老师还是一个永不停歇的追梦者！

她正带领她的名师团队继续行进在“简雅语文教学”研究的路上。我们完全有理由相信，随着时间的推移，“简雅语文教学”这个教学主张、教学风格将会更加成熟、敦厚，将会带动更多的教师投入“简雅语文教学”的实践，结出更加丰硕的成果！

福建省语文学会小学语文教学专业委员会理事长　陈宝铝

2020 年 7 月 9 日

目　录

导言

用心书写“简雅” 教育人生

王国维在《人间词话》中讲到做学问的三种境界，第一境界，昨夜西风凋碧树，独上高楼，望尽天涯路。第二境界，衣带渐宽终不悔，为伊消得人憔悴。第三境界，众里寻他千百度，蓦然回首，那人却在灯火阑珊处。

我也把自己的教育人生按时间分为三个阶段。第一阶段是：1990－2010年，从毕业参加工作到评上福建省特级教师。第二阶段，从2011年成为校长，成为市（区）级名师领衔人到评上正高级职称。第三阶段，2018年到未来，我要努力成为一个有自己旗帜鲜明主张的、有独立思想的名师。我现在正处在这个境界的修炼中。

这些是我教育人生中值得纪念的一些事件。1996－1997年，市级骨干教师培训对我影响深远。2010年评上福建省特级教师，当时觉得自己配不上“特级”的称号，所以更加努力，向著名特级教师看齐。2011－2014年，3年的福建省学科带头人培训，累并快乐着，它让我的专业有了长足发展。2014－2018年，成为平潭综合实验区名师工作室领衔名师，教学相长，进步在不言而喻中。2017年，成为省教学名师培养人选，从此又跳进“火坑”，苦不堪言，正像江苏省人民教育家培养对象李凤所言：“能挺过黎明的黑暗，就能拥有一片艳阳天。”教学主张的确立使教师的专业面貌与理论水平都会产生实质性突破，从而让名师从“必然王国”进入“自由王国”。这是我的期待。2018年我带领我的市区级名师工作室成为福建省第二批名师工作室，工作室10个核心成员中，9个是原工作室成员。

第一阶段——独上高楼篇（1990—2010年）

这20年来，促进我成长的大致有四个方面的原因：①以比赛促训练；②以开课促学习；③以讲座促提升；④以培训促成长。如何学会当老师？如果用吴刚平教授的理论，那就是做中学。他认为，知识可以分为事实性知识、方法性知识、价值性知识，三种类型的知识要用三种不同的学习方法与之相对应地进行学习——记中学与事实性知识，做中学与方法性知识，悟中学与价值性知识。什么是事实性知识呢？比如统编语文教材第一课是《天地人》，生字"人"就是事实性知识。为什么呢？我们举一个例子就明白了，比如老师在教"人"时，在黑板上写"人"字，并告诉学生这个字读作"人"，学生拿出小手和老师一起书空。学生边举小手边读"人"，声音喊得可响呢。有一位学生把手举得高高要问问题，老师故意装作没看见。但是一年级小朋友提问热情非常高，小手一直高高举着，老师就不好意思不请他，于是就请了。请了之后，"灾难"就来了，"老师，它为什么是个'人'?""它就是人啊?""怎么就是个'人'?"老师不知道如何回答，于是就说："你看这一撇一捺，多像个'人'啊。"孩子看看自己再看看别人，这一撇一捺怎么就像个人呢？这该怎么办？老师的第一个回答是正确的：它就是"人"字。没有为什么。它是事实性的知识。事实性的知识就是前提规定、正确结论、学习起点，不回答为什么，只回答是什么。记住它就行。

方法性的知识，是方法本身，掌握这个方法，能举一反三。比如，习作教学，老师一节课一直都在指导学生怎样写春游的作文，告诉学生第一段简单介绍时间地点人物事件，并表达自己出游的心情；第二段写春游经过，要求写详细、具体，可以用移步换景的方法写，一景一段；最后总结自己春游的感受。指导好了，让学生写，班上总有几个同学不会写，问他听懂没有——听懂了。听懂了为什么不会写？因为他没有掌握写作的方法，老师告诉的是事实性的知识，所以这类知识要做中学。学会怎样上课就是方法性的知识，要备课要学着上课。

什么是价值性知识？如社会主义核心价值观——富强、民主、文明、和谐、自由、平等、公正、法治、爱国、敬业、诚信、友善，它们就属于价值性的知识，还有《道德与法治》和语文中人文性的东西，需要学生有所感悟，否则你背下来的只是事实性知识。如“诚信”，你认同它，实践了“诚信”，才是价值性的知识。

1. 以比赛促训练

在20世纪90年代，也就是我刚毕业的那个年代，不像现在提倡的教师技能大赛，以前是教师基本功比赛。1993年，我在平潭北厝中心小学任教。它是一所农村中心校，县里举办教师基本功比赛，农村学校非常重视。当时一个中心校下面有好几所完小。先由完小开展选拔赛。当时第一届比的是片段教学，还是不让事先准备的那种，是临时抽课文的，从12册中抽到一课后先朗读，再进行片段教学。怎么准备？我当时还是教小学数学的，只有一个笨方法，12册的课本全借齐，一课一课读，一课一课琢磨怎么教，每天都准备到很晚才休息。功夫不负有心人，我在区里获得第一名的好成绩，参加县里比赛也还是第一名。于是顺利调入实验小学改教语文。1994年，县里第二届基本功比赛又开始，这次比赛是五项，包括三笔（毛笔字、硬笔、粉笔）、普通话、简笔画、速算、才艺展示。这么多，怎么练？当时我已经有了小宝宝了，下班要抱他、陪他，晚上要等他入睡了才有空练习。每天都是这样争分夺秒，完全没有个人的休闲时间，时间不够用，有时上班急匆匆的，鞋子、袜子常穿不同双。1994年的基本功比赛，我的总分还是第一名。1995年，参加福州市优秀青年教师评选，它不仅仅是荣誉，不是送材料上去参评的那种。它是要参加片段教学和现场论文两项比赛。这个难度系数就更高了，一项是模拟课堂实践，一项是考理论水平。于是我就找很多当时时兴的话题的论文进行一篇篇研读，寻找相关论点，然后根据论点来寻找自己的课堂例子。片段教学在当时是个新名词，大家都不知道怎么回事，我就把准一点——模拟课堂，就像有学生的课堂一般。我顺利地通过比赛，获得福州市优秀青年教师和福建省优秀青年教师两项重量级的光荣称号。到了1997年，全县又举行基本功比赛，那年是平潭县要组建代表队参加福州市教师基本功比赛。全省上下都很重视，县里选拔参加市里比赛，市里选拔参加省里比赛。我们实验小学也组队参加县里比赛，这次是七项，加上中队会和一个5分钟话题口语陈述。口语陈述就是给话题，准备5分钟后陈述5分钟。这一次我又获得第一名。在这几年的几次基本功比赛中，我苦练教师各项的基本功，虽然没有哪一项特别突出，但是都比较均衡。我觉得自己特别幸运，在教育教学生涯的起始阶段，就遇上了教师基本功比赛，使我原本不太扎实的教师基本功通过比赛练得更加扎实了。

2. 以开课促学习

很幸运的是，当时实验小学的校长是陈敬文，他是一位非常会钻研业务的校长，常常申报各级课题。有邱学华老师的全国尝试教学课题，福州市的子课题“积淀语感，整体改革”，省级“以学生发展为本，引导学生尝试创新”以及教育部福建师大课题“指导自主创新教学策略研究”等等。虽然我当时不是负责人或核心成员，但是需要开课都会叫到我。我是属于那种只会接受任务、不会拒绝的人。接了任务就要完成好，先要领会课题精神，然后还要立足本学科，搜集大量资料做准备，这个过程无疑就是做中学的过程，所以感谢那时的辛苦，练就了课堂比较过硬的本领。

特别要提的是两节公开课。2006 年 5 月，“以学生发展为本，引导学生尝试创新”课题结题，需要开课，我承担了语文学科的开课任务，开的是苏教版四年级下册的精读课文《特殊的葬礼》。到了 2009 年，县里骨干教师“三下乡”活动。所谓“三下乡”，一是开课，二是讲座，三是当场回答老师提出的有关教育教学问题。2009 年，我教六年级，看看教材目录，发现有一篇略读课文《大瀑布的葬礼》与我之前上的课题很相似，一看内容几乎与《特殊的葬礼》一样，我大喜过望，就选这篇了。“三下乡”不仅要上课还要做相关的讲座，就是要解释课为什么这样上，有什么依据。于是我开始思考，年级不同，课型不同，上法可以一样吗？我依据年段课程目标和精读略读教学的差异性，开始重新备课；准备了讲座《相同的课文，不同的教学》，根据讲座的理论依据重新进行教学设计。后来把这篇讲座稿进行整理，发表在 2010 年 2 月的《福建教育》上。2010 年 6 月参加上海市举行的全国第六届说课大赛，我以《课文相同，精略有别》参加了比赛，荣获特等奖。所以研究是从实践中来的，这就是所谓的行动研究。两节公开课、一场讲座、一次说课大赛到论文发表，使我对教学研究产生了兴趣，同时也懂得如何着手研究。

3. 讲座促提升

2006 年，我被聘为县初级教师岗位培训小学语文学科课程授课教师，2007 年，被聘为平潭小学语文骨干教师培训班授课教师。从那时候开始，我就经常开设讲座。做一场讲座就要搜集许许多多的材料，梳理、整合，并结合自己的教学实例来谈。起先也是很不成熟，还很紧张，因为一个会场有两三百人。不过我的工作态度很端正，会做很充分的准备，考虑到老师讲座听久了会疲劳，就穿插一些教学精彩片段小视频，课间听几段音乐放松放松。岗位培训小学语文有四个班，一个主题要讲四场，讲着讲着，那些理论知识就融进你的血液，成为你的思想。所以不要害怕自己行不行，只要努力去做，在做中就学习了很多东西，包括你上台的胆量，表达的流畅度，等等。

4. 以培训促成长

记忆最深刻的是 1996—1997 学年，福州市骨干教师培训，虽然是市级培训，但是那时不同的是要离开原学校到福州市挂靠单位学习一整年。当时我儿子才三岁，正是最黏母亲的时候，也是孩子启蒙教育最好的时期。为了不失去这次宝贵的学习机会，我毅然踏上了充实专业能力的求知之路，师从原福州市普教室主任张学平老师，挂靠在福州教育学院第一附属小学一整年。每周周一到周五，我在现福州市教育学院第二附属小学书记高玉老师班上听课、上课，周末到福州师范学校培训、听讲座。在与众多知名专家、学者和名师的对话交流中，我逐渐发现了自身的浅薄与无知，便如饥似渴般地开始了我的“求学”之路。那一年里，我听了许许多多的课，记录了整整四大本听课本。为夯实理论基础，我一有空就去书店、图书馆，寻找、阅读、摘抄我所需要的资料。阅读中，我时而俯读深思，品味教学艺术；时而浮想联翩，仿佛自己正在执教；时而情动唏嘘，感动于教育的美好。那段时间里，虽然有着对孩子的无尽思念，对不能陪伴在孩子成长关键时期而耿耿于怀，但充实的学习生活，填补了我心中的遗憾，令日子不再煎熬，我也看到了自己身上发生着微妙的变化——拔节成长。

第二阶段——衣带渐宽篇（2011—2017年）

2011年，因我是特级教师，说要去农村锻炼，就被调往澳前镇一所农村完小校当校长。说是去锻炼，一去到现在还没回来。完小的概念是什么？不是一所独立校，是隶属中心校管理的。这所农村完小，不说它的校舍破旧或校园面积极小了，就说教科研活动，几乎瘫痪，有开课没评课，教研仅仅是形式，老师几乎没有出岛听课的机会。由于老师只会埋头教书，什么叫思考，什么叫专业成长，什么叫行动研究，都是新名词，更别说什么课题研究，如何提升教师科研品质呢？我从三个方面入手：学习，提升教师的专业知识；实践，丰富教师的课堂经验；研究，引领教师的专业成长。

学习什么？阅读、听课、听讲座。我们订了好几种教育教学杂志，如《福建教育》《新教师》《福建基础教育研究》《小学语文教学设计》等。2011年版课程标准人手一册，每学年共读两本专著，有鲍道宏《教儿童学会阅读》、雷夫《第56号教室的奇迹》、佐藤学《静悄悄的革命》等等，还买一些专著放在图书馆供老师们借阅。听课、讲座，采取请进来走出去的办法。陈敬文名师团队来过，陈曦名师工作室也请过。走出去，出岛听高水平的课，见大型的教学活动场面，如《福建教育》主办的"智慧·互动·成长"，《新教师》主办的"新课堂·新教师"，福建省小学数学年会等。高规格的教学活动让老师们眼前一亮，视野开阔了，原来教育的天空如此明亮，阳光如此耀眼，他们有了自己的追求。

实践，校级人人开课、做讲座，打基础。开课要评课，讲座要脱稿。有了校级的扎实训练，再把优秀的教师推到县里、省里开课、做讲座。研究，我是先带语文教师申报了各级课题，手把手教他们做课题，在省级课题下让他们做子课题，做微课题、微课、微型讲座。2014年，我校成功申报了三个市区级课题，都获立项。一所完小获批三个市区级课题，当时没有第二所。到了2014年，中心校竞聘中级，我校一下子聘上了15个老师。老师们都非常感谢我，我告诉他们，需要感谢的是自己的努力！

2014年，由平潭综合实验区社会事业局授牌——林枫名师工作室成立，于是我就更忙了。工作室共有16成员，都是来自各所学校的骨干教师，怎么带工作室呢？我也是摸索中前行。

1. 以课题来引领统一的研究方向。2014 年 10 月，我们申报市级课题“闽台小学语文阅读教学策略比较研究”，2015 年 8 月我们申报了福建省教育科学规划领导小组办公室的课题“基于语文实践的阅读教学策略研究”。然后围绕课题阅读，开展活动，写论文，研究的方向比较集中也容易出成果。

2. 阅读。统一购买书籍，一学期两本，要写读后感，并要面向学校做读书交流。前两次没有经验，让老师们自己做 PPT 主讲在工作室中交流，工作室成员间大家都很熟，就不太认真准备，后来我把读书交流拉到学校去，与学校老师们共享，同时也可以起到带动辐射的作用，老师们的积极性大大增强，不敢随随便便了，阅读的实效性提高了。

3. 实践。面向全区开课、做讲座。由平潭综合实验区进修学校发文，召集全区语文教师一齐学习、观摩，这就给工作室老师们压力，他们要努力把课上好，把讲座讲好。

4. 辐射。到小岛去送教到班，给小岛教师们上课，教学相长，有效地提升自我。三年来我们开展了 25 场活动，大大提高了工作室老师的专业水平。我们的活动很受欢迎，同时也带动了全区语文教师专业水平的提高。

福建省第四批学科带头人培训是从 2011 年到 2014 年。省学科带头人选拔是高规格的，职称要求高级。我是 2009 年评上小中高，2011 年评上福建省特级教师之后，才进的福建省学科带头人培训班的。福建省第四批小学语文学科培养对象 160 名，分 4 个班，由 3 个基地承担培训任务。我是福建教育学院培养的。福建教育学院承担两个班的培养任务，两个班共 80 个。从 2011 年到 2018 年，80 位学员中，获评小中高 45 人，正高级教师 2 人，特级教师 11 人，2017 年入选福建省名师培养对象有 5 个，福建省名校长培养对象 1 人，福建省小学语文名师工作室领衔名师 2 个，市级名师工作室领衔名师 5 人。2014 年 4 月，这个培训项目接受教育厅考核，获 A 级认定。2019 年 6 月，我们的首席培训专家鲍道宏教授还应约，写了《长风破浪会有时，直挂云帆济沧海——福建省小学语文学科教学带头人培养对象培养札记》，发表在《福建教育》上。

第三阶段——蓦然回首篇（2018年—未来）

我现在是福建省名师培养人选和福建省小学语文学科名师工作室领衔名师，我现阶段的追求是简雅语文、简雅教育、简雅人生。

福建省名师培养对象小学教师40名是由福建师大承担培养任务的，“总教头”是余文森教授。他认为，要把优秀教师培养成为卓越教师，最核心的工作就是帮助我们提炼自己的教学主张，并围绕教学主张开展系统的理论和实践研究，这是他培养第一届名师的经验，已经在全国的名师培养中得到推广。可以说，教学主张是迄今为止培养卓越教师的一把金钥匙，是教师从优秀走向卓越的专业成长点。提炼教学主张，就是教师从教学经验走向教学理论，从教学思考走向教学思想，从而实现自我超越的专业生成点。

神话小说《封神榜》里二郎神拥有一只“天眼”，这只“天眼”有时像显微镜，可以看清很细微的细节；有时候像望远镜，可以看见很远很远的未来。提炼教学主张就是打造一只专业、智慧的眼睛，让名师独具慧眼，能够平凡中见新奇，发人之所未发，见人之所未见。

提炼教学主张实际上就是“给自己树立一面旗帜”“自己定义自己的教育”，是往教育家方向和境界发展的过程。

提炼教学主张的路径有两条，第一是归纳的路径，第二是演绎的路径，打个不恰当的比方，归纳的路径是恋爱后结婚，演绎的路径是先结婚后恋爱。归纳路径是一条缓慢积累、滴水穿石、内力积聚的发展道路；演绎路径是一条自觉激进、短平快的发展道路。江苏省中学语文名师黄厚江“本色语文”教学主张的形成是典型的归纳路径，他因此断言：没有20年的经验沉淀，不要跟我谈教学主张。小学数学名师张齐华的“文化数学”则是典型的演绎路径，他工作不到5年就提出自己的教学主张，之后坚定不移地围绕“文化数学”开展系列的研究和实践，10年后形成相对成熟的体系。他因此断言：教学主张离青年教师并不遥远。讲这个也就是要告诉大家，还没有自己主张的老师们，从现在开始你可以思考自己的教学主张了。毕竟现在不管是评特级教师还是正高级职称都要求陈述自己的教学主张。平潭2018年在选拔特级教师时，不仅材料要量化，还要进行听课评课、片段教学和教学主张陈述并答辩。福州市的特级教师考核内容：个人自述（5 分钟）、听课评课（70 分钟）、片段教学（15 分钟）、信息能力演示（8 分钟）。

2017 年 12 月，我也参加了正高级的答辩，教学主张自我陈述 5 分钟，8 分钟答辩。真正优秀的教师不仅要提出教学主张，更要围绕教学主张开展系统研究，实现自我突破、自我超越、自我提升。因为，思想有多远，课才会走多远！

第二批省名师工作室在省里是 5 月 15 日启动，我们工作室在 6 月 14 日启动。工作室制定了三年建设发展规划，确立“大道至简、崇美尚雅”的核心价值，以“追求语文教学走向简雅”的教学主张为研究方向，树立“尊重个性，讲求大同”的团队成员专业发展理念。主要任务是学术研究、文化建设（完善工作室制度、专业发展、示范辐射、建设网站等），每一位核心成员还要与 2—3 位研修成员建立师徒关系，预期成果有论文、专著、经典课例等。

确立“简雅语文”的教学主张是从 20 多年教学实践中得来的。从教以来受江苏省“语文倡简”工作组的影响很深，一直以简单、简约来实践语文教学。在简的基础上追求“雅”，从简到雅，简是雅的实现途径，雅通过简表现出来，简是雅的基础，雅是简的追求，越简洁越雅致——简之极，雅之至。美到极致是自然，绚丽之极是朴实。简雅语文作为一种教学主张与教学风格，更是一种自我成全。其本质在于把教学主张及其蕴含的思想、智慧有机地融入教材、教学和教师人格之中，使教学主张实现可视化、人格化。

所以，与大家一样，我现在也在名师成长的道路上艰难跋涉，甚至比在座的更不易。简雅语文，不仅涉及课程论，还涉及哲学、美学范畴，就如余教授讲的一样属于“太阳”的主张。他把名师刘仁增的“语用”教学主张比作“手电筒”主张，给人指路，很实用，把林珊老师的“真善美教学”主张比作“太阳”主张，普照万物。希望我能在提炼主张的过程中找到概念，找到哲学原理和美学依据来照亮简雅语文。让我们一起为自己的理想，为了祖国的未来，用力挑起肩上的担子。不忘初心，方得始终，愿我们归来仍是少年。

第一章 简雅语文和简雅课堂

删繁就简三秋树，领异标新二月花。（清·郑燮）

晴空一鹤排云上，便引诗情到碧霄。（唐·刘禹锡）

第一节 简雅语文

简雅的“简”就是简单、简洁、明了的意思，与“繁琐”相对。“大道至简”“删繁就简”，又有简洁、简明、简要、简单、简约等对“简”字的修饰。简的，是有效的；简的，是美的。

简雅的“雅”在《辞海》中的部分解释有：正的，合乎规范的；高尚；不庸俗。如雅兴、雅事。美好，不粗鄙，如雅观、言之不雅。引申起来有文雅、古雅、闲雅、淡雅等。

“简雅”出自宋·叶适《太府少卿李公墓志铭》：“公文出新意，作生语，致密简雅，无刻露之态。”清·钮琇《觚賸续编·观人之法》：“赵申乔手评所质之文，亦甚简雅。”鲁迅《中国小说史略》第四篇：“《汉武帝故事》其中虽多神仙怪异之言，而颇不信方士，文亦简雅，当是文人所为。”简雅即简洁雅致的意思。

一、语文呼唤简雅之美

（一）原因

语文教学任务繁重。大到全国性的示范课，小到学校的公开课，没有几节课是按时下课的。教不完、拖堂的现象非常严重。究其原因都是教学任务太多，教学设计太满，平时教师的常态教学也是学习目标繁多，教学问题细碎繁杂，教师讲累了，学生听烦了，教学效率不佳。

语文教学审美淡薄。近年，语用教学盛行，许多教师唯语用是从，一味捕捉教材的训练点，进行毫无美感的训练，忘却了语文本身的优雅，忘却了对于人生命意义、生命价值的观照以及审美生命所应具有的关怀。语文教学呼唤简雅之美。

（二）简雅之美

简雅和美总是联系在一起，即简雅的事物总是能体现出美的特征。简雅之美在这里特指语文的课堂美和可鉴赏性。简雅语文之美有简洁的形式美，丰富的意蕴美，灵动的创造美。

简洁的形式美，美在教学目标的制订简明，教学内容选择简要，教学情境创设精妙，教学结构安排清晰，教学课件制作雅致。整节课元素少一些，简约一些，犹如一幅水墨画，线条简单而意境深远，教学围绕主问题，教学活动少些，精点，留白多些，还给学生自主学习的权利，进行学习实践活动，让课堂有无相生、虚实共存；教学结构清晰些，课堂中以板块的结构设置，使整体感更强，课堂更凝练更简雅。课堂元素少、留白多、结构清，简约雅致，是为了更好地教授知识，更好地学习、实践，形成能力。

丰富的意蕴美，美在通过课文的语言形式，激起读者或学习者特殊的情感体验或不可言传的审美体验。课文往往都是文质兼美的文章，蕴含着丰富的情感。简雅课堂先让学生感知课文的内容美，再用比较、想象等思维形式感受美，多媒体课件展现美，读中感受美，写中表达美、创造美，培养学生的审美感知力、审美鉴赏力，从而让美的意蕴悦心悦意，入心入脑，课堂呈现出妙不可言、美不胜收的意境。

灵动的创造美，美在教师根据课文特点和学生的实际，教学设计简洁，教学实施灵动雅致，呈现出美的课堂境界。教师课堂中巧妙灵活使用导语，精心合理设计有层次的美读，注重培养学生想象和创造，运用美的教学语言讲授、启发、点拨。课堂充分预设，生成精彩，教师在课堂中的学识与机智，使课堂润物无声，灵动雅美。

简雅语文之美不仅美在形式，更美在意蕴，美在创造。培根说：“一切绝妙的美都显示出奇异的均衡关系。”而海森伯说：“美是各部分之间以及各部分与整体之间固有的和谐。”简雅语文之美，也是一种和谐之美——教师与学生的和谐，现实与理想的和谐，表现与艺术的和谐，自由与创造的和谐。

二、简雅语文的内涵界定

简雅语文由“简”与“雅”共同组成，二者相互依存，相互统一。

简雅，有两层含义。第一，简洁。郑燮笔下的“删繁就简三秋树，领异标新二月花”是对简洁的最好的诠释。语文教学就要如三秋树，瘦劲秀挺，以少许胜多许；要似“二月花”，一花引来百花开，生机勃勃，创造与众不同的新格调。莎士比亚说：“简洁是智慧的灵魂。”有智慧的人说话、行动言简意赅、简明扼要，直击重点和关键，言语、行动间都是精要之所在，不拖泥带水。有智慧的语文教师一定是简洁的，课堂中直入语文要素，进行语言的建构与运用，从而提升学生的语文素养。

第二，雅致。高雅的意趣，美观而不落俗套。语文的课堂除了要教给学生语文知识和语文的学习方法，还要有适切的教学策略和愉悦的语文实践，同时关注思维的发展与提升、审美鉴赏与创造、文化传承与理解三个语文素养的协调发展，引导学生体会课文的语言美、意境美、音韵美、人物美等。在美的熏陶和感染下，润物无声地学习了语文知识，学生习得语文学习的方法，从而提升语文素养。

简雅语文教学，简是走向雅的简，雅是由简而致的雅，即“雅”由“简”生，“简”因“雅”达。学生因语文学习的简约而容易接受，因语文的雅致而喜欢甚至热爱学习。简雅语文的课堂，教师要教得有效，教得巧妙，教出美感，教出风格，学生才能学得扎实、轻松、愉悦、深刻。简雅语文就是简约而不简单，与此同时，要渗透美育，让课堂呈现美的境界。简雅语文不仅在于简，还在于雅，雅是简的标准，雅是整个教学的风貌，雅是简雅教学的底色，雅与简融汇在一起成为简雅教学的灵魂。这就是简雅语文教学要追求的境界。

三、简雅语文的理论支点

一是中华传统文化启迪。《易经》这样说：“乾以易知，坤以简能。易则易知，简则易从。易知则有亲，易从则有功。有亲则可久，有功则可大，可久则贤人之德，可大则贤人之业。易简而天下之理得矣。”这段话告诉我们，平易简单就是天地的智慧。联系教育，联系语文，智慧的老师会掌握教育的宗旨，立足语文教学的规律，教得轻松，学得有效愉悦。再联系孔子的论述："知者乐水，仁者乐山。知者动，仁者静。知者乐，仁者寿。"智与仁的统一，意味着简洁与雅致的统一。其实，智慧原来就包含着雅正的道德。因此，简雅即智慧和美丽并存，简雅地教语文，就是让学生生长智慧，做一个智者。

二是人类现代生活品质的追求。简雅是人类现代生活追求的品质——注重生活的品位和格调，厚重、优雅与灵动。在物质生活极其丰富的今天，人们具备了极简、极雅的生活态度并追求这样的生活方式。雅，是中国人的美学，是人们追求的生活意境，汲泉烹茶，赏花焚香，抚琴听泉。简雅生活在一笔墨、一席茶、一张琴、一溪云……它是中国传统文化形成的独特的美学体系，传递着中华文化的精髓，贯穿国人文化生活的方方面面。语文教学是从语文学科的特点出发，传递着中华民族的精粹文化，它无疑应当是简洁雅致的。不管是生活还是教学，越简洁就越有效，越简洁就越雅致——简之极，雅之至。

三是课程改革的精神实质。"工具性与人文性的统一，是语文课程的基本特点。"工具性是指语文课程要传授给学生的语文知识和掌握学习的基本方法。学生在学习过程中受到优秀文化的熏陶感染，提高道德修养和审美情趣，形成良好的个性和健全的人格。简雅语文教学的"简"指向语文知识和语文技能，"雅"是对学生思想情感所起的熏陶感染作用。课堂在完成工具性——简的过程中，附带地完成了人文性——雅的任务，达到简与雅的完美统一。

同时，核心素养发展指向人，聚焦于学生发展，将学生发展置于教育、课程的核心地位，简雅语文同样聚焦于人，凸显语文育人的理念。简雅语文培养智慧的人，培养简的人，培养雅的人，即有能力有品格的人，也就是核心素养所界定的"必备品格和关键能力"的人。

四、简雅语文的课堂特征

（一）教得有效，指向语言的建构与运用

简雅语文教得有效指教师在教学过程中指向语言的建构与运用。2017 年版《普通高中语文课程标准》提出了语文学科核心素养，高中语文课标组组长王宁教授在解读时指出："语言建构与运用是语文课独特的课程素养，也是

其他要素的基础，只有这一项是唯一或主要属于语文，它是语文课独有的。”因此，“语言建构与运用”是核心中的基础和关键。

统编版语文教科书的编排按照“人文主题”和“语文要素”双线组织单元。在单元导语中明确语文要素，课后习题的编排也更能切实为文本及单元教学服务，为教学提供有力的线索和抓手。教师在备课时应把握课后习题，明白设计意图，吃透教材编排的语文教学的意图，制订教学目标，有效展开教学，分层落实语文要素，切实提高学生的语文素养。简雅语文课堂要求每一节语文课都要根据语文要素和课文特点确定语言建构运用点，这个语言建构运用点就是这节课的核心目标，课堂上至少要用15分钟来落实这个核心目标，从而让学生有效地学习这个语言建构和运用的知识点从而形成相关能力。简雅语文提倡，语文课也要像数学课一样，扣住最重要的语文要素结合课后习题，精准确定核心目标，落实“语言建构与运用”，一课一得，教得有效，学得扎实。

（二）教得巧妙，指向思维发展与提升

简雅语文教得巧妙指教师在教学过程中指向思维发展与提升。简雅语文教学要求教师精心设计教学的主问题，善于引导学生质疑问难，根据不同主问题选用形象思维、抽象思维、逻辑思维、辩证思维、创新思维等进行教学，教学语言简洁凝练有条理性，有效发挥教师的主导作用，强化学生阅读实践，在品读文本、概括归纳、得出结论的过程中开拓认识新领域的思维模式，让学生在品读中感受思想，在想象中学会思考，在探究中学会思辨，有效提升学生的思维的活跃度、广阔度、缜密度，建立思维品质，增强思维能力。教得巧妙也就是教学有方，指教师在教学过程中根据不同的课文，运用不同的思维方法进行，选用精妙的教学策略，使课堂呈现出灵动和智慧。教得巧妙，学得就轻松。学生在简雅课堂里有思维引领、智力提升的愉悦，有经历困惑愤悱之后的恍然大悟和醍醐灌顶之感；有交流讨论后新思想、新智慧迸发的欢愉感，课堂充满了令人惊喜的发现，带领学生的思维来到了一个前所未有的新领域。

（三）教出美感，指向审美的鉴赏与创造

简雅语文教出美感指教师在教学过程中指向审美的鉴赏与创造。教出美感就是教师要遵循美的规律进行教学。简雅语文教学能够产生一种美感，使学生感到身心愉悦，进而陶醉其间。语文课文是一篇篇文质兼美的文章，每一篇课文都向学生展现一个美丽璀璨的世界。语文核心素养的"审美的鉴赏与创造"是在鉴赏中创造，在创造中鉴赏，它们是相互融合的关系。"鉴赏"包括体验与感悟、欣赏与评价；"创造"指表达与创造。审美的鉴赏与创造是语文重要的核心素养，简雅语文教学要培养学生审美体验与感悟、欣赏与评价、表达与创造的能力。

体验与感悟是在课的伊始让学生自己去读，自己去感受，自己去品味，以语言文字的感受和品味开始，进行最初的审美感受和体验。欣赏与评价是教师用具体的教学策略，设置引人入胜的学习活动，如品读、想象、思维导图等，让学生的情感和作品、作者情感贴近，甚至达到物我合一、情境交融的境界，感受语言的形式美、文章的结构美、艺术的形象美、理想的境界美。表达与创造就是教师根据课文独特的语言形式设计类似的语言形式让学生表达，可以读、说、写，然后让学生跳出语言框架，进行自我表达创造。教出了美感，学生就学得愉悦。简雅语文教学在教出美感中追求三种境界，即悦耳悦目、悦心悦意、悦志悦神。

（四）教出风格，指向文化的传承与理解

简雅语文教出风格指教师在教学过程中指向文化的传承与理解。教出风格包括两个方面，一方面是课文本身的风格和文化，要教出课文的文化。语文是母语学科，是文化的存在。"文化的传承与理解"作为语文核心素养的重要内容，要在简雅语文教学中高度关注并落地生根。教语文就是教文化，教学过程就是让学生亲近文化，走进文化的过程。入选的课文有叙事性作品、说明性文章、诗歌和非连续性文本，叙事性作品又有童话、寓言、小说、散文、故事等。简雅语文教学要求不同的文体要确定不同的教学着力点和不同的教学策略，教出不同文体的个性。

另一方面，语文教师本身就是一种文化，教学中要教出自己的个性特色，形成自己的教学风格。闫德明教授认为：所谓教学风格，是指教师在长期的教学实践中逐步形成的，在一定的教学理念指导下，创造性地运用各种教学方法和技巧，所表现出来的一种稳定的、个性化的教学风貌和格调。教师要发扬自己的长处，"八仙过海，各显其能"。人无我有，人有我特，在课堂里显出自己的个性美。豪放派、婉约派、严谨派、唯美派……各美其美，美人之美，美美与共。教出风格，学得就深刻。课堂对于师生来说应该是一种享受，教师享受教的过程，学生享受学的过程。简雅语文教学追求有文化的教学风格，师生共享幸福的教与学之旅。

教得有效，教得巧妙，教出美感，教出风格，它们之间是和谐的统一体，是你中有我、我中有你的存在。简雅语文教学培养学生的学科素养，言语、思维、审美、文化也不是完全割裂开的，在课堂教学中也是相互融合的关系，言语的建构与运用也促进思维的发展与提升，课堂与此同时也在进行着审美的鉴赏与创造，文化的传承与理解，呈现出简雅的和谐之美。

第二节 简雅课堂

一、简雅课堂：设计简洁实施雅致

简雅语文课堂强调语文是雅的，课堂是美的；提倡教得简单，学得丰盈。

语文是雅的，课堂是美的。语文是我们的母语，语文有悠久璀璨的中华优秀传统文化，多少的文人墨客留下无数壮丽华彩的文章，能够入选教材中的文章，大都文质兼美，可读性强。

例如人教版四年级下册入选的《渔歌子》，短短的 27 个字就包含着丰富的意蕴。前 14 个字写了 5 种景物，向我们展示了一幅幅春天的五彩缤纷的画卷。若是单单只有美景，那就单调无趣，这画卷中，加入了青箬笠、绿蓑衣的渔翁，这首词顿时活了起来，这样的美景，陶醉了渔翁，也陶醉了我们。

语文的课堂除了要教给学生语文知识和语文的学习方法，还要通过各种教学策略和各种语文实践，体会语言美、意境美、音韵美、人物美等。例如《渔歌子》的教学，用“借助注释插图，初感和谐美”“反复诵读吟咏，陶醉意韵美”“启发联想想象，欣赏画面美”“链接对比阅读，感悟人性美”四种教学策略，让学生在读、想、注、思等语文实践中学会语文。

教得简单，学得丰盈。简雅语文崇尚“学”是“教”的逻辑起点，以“学”大于“教”的理念建立基于“学”的教学体系。“语文课程是一门学习语言文字运用的综合性、实践性课程，应着重培养学生的语文实践能力，而培养这种能力的主要途径也应是语文实践。”语文学习需要内化积累，而内化需要体验过程，如果没有实践就没有体验。教学中，学生必须在直接接触语言的过程中获得丰富的直接经验，增强语言感受力，从而获得相关语文知识、能力、方法等。在亲历和反复的语文实践中，让学生参与不同层次的实践——体验与发现，感受与积累，语文知识向语感、能力的转化。

吴刚平教授指出，语文大部分的知识属于“方法性知识”，“方法性的知识”要学生用“做中学”的方法来学习。比如习作，就要多写，文笔就流畅了；比如朗读，多大声朗读，语感就强了；比如阅读，多看书，阅读速度就快，领悟能力就强了。

简雅语文课堂的特质体现在两个方面，一个是课的设计，要追求简洁，简的才有力量，简的才有效果；另一个是在实施时，也就是课堂教学要尽量做到雅致，有美感，有韵味，能吸引学生，激发兴趣，让学生进入情境，学得有滋有味。

（一）设计简洁

“简雅语文”在备课时，要求研读课程标准、解读教材、了解学情，以简洁为原则，做到教学目标简明化、教学问题简要化、教学策略简捷化。

1. 教学目标简明化。

“数学清清楚楚一条线，语文模模糊糊一大片”，这句话道出了语文目标不明确，逮到什么教什么，含糊随意的现状。简雅语文讲求教学核心目标的遴选、提炼、聚焦、凸显。只要抓准课文的阅读能力的某一侧面的某一点或某几点，就可以将本来会有无限可能性的课文，限制在一个特定的侧面、特定的点来作为例子，避免对课文作面面俱到的分析。目标清晰，内容明确，带来的必然是教学的省时高效。比如教学略读课文《我最好的老师》，可教的内容包括生字新词、内容理解、学习写法、迁移写法、独立阅读能力等，这是一节课难以完成的，一定要筛选和整合，经过对课文内容、学段目标、教材编排等进行一番分析、思考，我最终确定了两个教学目标：一是通过“一事一议”方法把握文章主要内容。二是学习“一事一议”的文章的阅读方法，并迁移阅读这一类的文章。根据这一课独有的“一事一议”的写作方法，用“一事一议”练概括主要内容，用“一事一议”教给阅读方法，并迁移到课外相关文章的补充阅读以及课外自主阅读。

2. 教学问题简要化。

很多的阅读教学课堂，教师课堂讲，满堂问，即使没有满堂讲、满堂问，问题太多也势必占用学生大量的课堂实践时间、阅读时间。阅读课堂教学，问题要简要化，根据教学目标，精心设计简要的主问题，学生根据主问题和教学流程或自主或合作进行阅读实践，教师导在学生的疑惑处，练在学生的薄弱点。《我最好的老师》在学习目标和特定文本的关照下，设计的教学主问题为：你认为怀特森是好老师还是坏老师，请找出课文的语句谈谈你的看法。这一个主问题，学生要一遍又一遍深入文本阅读思考，得出自己的见解，然后还要用自己的话来表述自己的主张。这一系列的思维过程实际上就是在培养学生的学科核心素养。

3. 教学策略简捷化。

教学策略包括教师教的策略和学生学的策略，教授法必须依据学习法，否则便会因缺乏针对性和可行性而不能有效地达到预期的目的。基于学生实践的简捷的教学策略如："以议代讲"法，"读、思、议、导、自读"结合法，"读、写"结合法。

"以议代讲"就是利用合作小组的讨论来代替教师的讲解。教师给学生提出核心的、有价值的问题或话题深入阅读文本，引发学生思考，通过小组合作讨论来解决问题，达到教师只设计、指导而不再讲解的目的。操作程序：话题或问题→深入阅读文本→小组内相互交流→小组派代表进行全班交流→教师适时指导、评价、补充→拓展相关阅读。

"读、思、议、导、自读"结合法。阅读教学不能仅限于现成的教材，那样学生的阅读量太少，阅读面太狭窄，学生的视野放不开。教师可以利用现成的教材教会学生阅读方法，让学生将课堂中学到的阅读方法延伸到课外。在一般阅读课文的教学中，应该力争以学生为主体、以教师为主导，按照让学生"读一读""想一想""议一议"，再由教师"导一导"，最后放手自学相关的拓展材料的阅读教学方法进行教学。学生不仅能解决课文中的问题，而且有一个明确的阅读思路，掌握了这种阅读方法，学生对阅读课文的理解会轻松许多。以前那种教师满堂讲、满堂问的注入式教学方法需要 3 课时才能解决的问题，现在只需 1 课时学生就能轻松驾驭。这样，学生自然而然就会感到阅读量的不足，他们的阅读内容就会从课内拓展到课外，他们需要从课外读物中获得阅读知识，剩余出来的课时就是多进行相关的课外阅读，来汲取丰富的阅读营养。《我最好的老师》用的教学策略就是带着主问题自己读，从书中找依据，自己思考，合作讨论，教师引导，并总结这一类文章的学习方法，迁移学习同类文章。

“读、写”结合法。由读到写是学生阅读能力的进一步提高和升华。这里说的“写”，并不是说抄写生字、抄写课文，而是从大语文教学观来考虑，从领悟文章的写作方法到自己试着用这种写作方法写作文。

（二）实施雅致

在精心的预设下，课堂上要把简洁的设计雅致地呈现出来，带领学生进入文本的情境，获得美的享受，达到更高的审美境界。

1. 语调温雅。

在语文课堂中，教师的语调温雅和稳给孩子以轻松愉悦、身心放松之感，能吸引着孩子的注意力，启迪着孩子的思维，是一种美的享受。如果把一堂课比作一首清新明快曲子，教师的语调就如美妙的音符一般，抑扬顿挫，美不胜收。

如在教学《特殊的葬礼》时，抓住昔时和今日的瀑布进行对比教学，播放塞特凯达斯大瀑布录像时，教师激情描述：你们看，这就是昔日巴西人引以为豪的塞特凯达斯大瀑布，汹涌的河水从悬崖上咆哮而下，滔滔不绝，一泻千里；那巨大的水帘，那如雷的咆哮，曾让全世界为之陶醉。人们常常自豪地站在它的脚下，望着腾起如烟、如尘的水雾，感受着它们年轻和活力。教师的激情，一下子为朗读昔日瀑布的语句奠定了情感的基调。正在同学们都沉浸在气势磅礴的大瀑布中时，教师用低沉难过的语调过渡：多么雄伟壮观的瀑布，可有谁会想到，所有的一切，我们再也看不到了，它成了我们记忆中一个美丽的梦。（播放今日河道枯竭的照片），学生的心情由刚才的快乐、欣赏、赞叹、陶醉一下子降到失落、伤心、不舍、悲哀、无奈。

教师课堂的语调变换要视教材内容而定，做到舒稳有劲、张弛有度、掌控自如，创设情境时如吟诗般温柔，引导点拨时如好友般冷静亲切，渲染高潮时如鼓点高亢激越，情感留白时如春风和煦吹拂。抑扬顿挫、温文尔雅的语调，让课堂流淌着如歌的旋律，让人着迷。

2. 语言文雅。

苏霍姆林斯基说：“教师的语言是教师作用于学生精神世界的最重要的工

具。”他的话告诉我们教师语言的重要性，简雅语文追求的课堂语言是美言雅语。所以，每一堂课都要在教学用语上下一番功夫，研究语言艺术要生动丰富、通俗文雅，还要简洁严谨。

如五年级下册《最后一分钟》是一首描写1997年香港回归祖国前的最后一分钟的新诗。诗歌凝练含蓄，要学的东西很多，它又是一篇略读课文，所以，目标要根据单元和学生实际有所取舍。纵观全诗，每一节诗都用一种修辞手法，分别是拟人、排比、夸张、比喻，为了让学生知道，修辞手法用得好，能使文章增色，所以，在学完每一节课后，教师都用一句对修辞手法的评价作为结语：

拟人原来有这么大的魅力，把香港当作我们的兄弟姐妹，把香港当作祖国的孩子，那么的亲切自然。

排比原来有这么大的魅力，它不仅写出人们激动的心情，更将最后一分钟写得具体、形象。

夸张原来有这么大的魅力，把中国人扬眉吐气的欢欣鼓舞的爱国热情表达得淋漓尽致。

比喻原来有这么大的魅力，把对香港美好未来的祝福写得含蓄深情。

这样的课堂语言不仅和诗歌的文体契合，更重要的是加入表达方法的渗透与学习。

提示语、引导语、过渡语、总结语，都要与课文的特性、课堂的课境有机融合在一起，努力追求教学语言的文雅之美。

3. 课件素雅。

简雅语文课堂的课件要简约素雅，背景图片选取要与课文的意境相融合，一般以课文的插图作为背景，不宜太花哨，小插图以静图为主，动图会分散学生的注意力，注意文字的字号大小和颜色对比度。做好PPT后要在教室中试播，以自己站在最后一排，看得见为宜。颜色也讲求统一和谐，不宜大红大紫。单张幻灯片内容要简练、单一，重点一定要突出，可用可不用时，选择不用，PPT中恰当运用多种媒介，使课堂更加生动。

如《最后一分钟》的课件，以灰色为主色调，选取一幅有诗意的图片作为背景图片，字号32—54，字体颜色以黑色、浅蓝为主。我按学习活动要求，选择资料、诗句及停顿符标记生字词等做了16片，每一片都必不可少。片头超链接了《香港1997》的MTV，在课前播放，为全文奠定了情感基础。第三节课时，出示许多与香港有关的资料的PPT，让学生选择用资料。学生知道与“当一纸发黄的旧条约悄然落地”这句诗相关的有“三个不平等条件”的资料，了解了《南京条约》中国割让了香港岛，《北京条约》割让了九龙，《展拓香港界址专条》整个香港都被英国人强行租借了。这里出示一张香港地图，教师边说边点鼠标，“香港岛”被移除，“九龙”也飞了，“整个香港”不见了。这张PPT重重敲击着孩子的心，那种“不忘国耻，振兴中华”的情感油然而生。接着，深情朗读“那深入骨髓的伤痕，已将血和刀光铸进我们的灵魂”。学生感动了，教师感动了，听课老师感动了，课堂达到了“悦志悦神”的美感境界。

4. 情境幽雅

李吉林老师的情境教学法归纳了实施情境教学的六条途径——生活展示、实物演示、语言描绘、图画再现、音乐渲染、角色扮演。简雅语文课堂可以根据文本特征和学情特点，采用一种或几种创设幽雅的课堂情境，让学生在丰富形象中受到感染，或壮丽，或崇高，或悲壮，或慨叹等；在真切情感中体验，或热爱，或憎恨，或愉快，或悲伤等。

如教学《渔歌子》，教师在“读出画面”的环节中，运用了课文精美的插图，链接《西湖春晓》轻音乐。音乐缓缓响起，教师深情吟诵《渔歌子》，通过画面、音乐、词句，一幅幅画面在学生脑海中呈现——西塞山前白鹭翻飞，粉红的花瓣不时落入缓缓的流水中，水中肥美的鳜鱼跳跃，一叶扁舟上渔翁悠然垂钓。此情此景，学生怎能不陶醉？而后再缓缓响起《渔歌子》的童声吟唱，旋律悠扬，童声清脆，学生不自觉跟着摇头晃脑唱起来。这首词的一幅幅画面就在这词中被定格，若是以后学生在生活中见到这样的美景，“西塞山前白鹭飞，桃花流水鳜鱼肥”就会脱口而出，斜风细雨何须归？

二、简雅课堂：指向语文核心素养

2014年3月，教育部发布的《关于全面深化课程改革，落实立德树人根本任务的意见》首次提出了“核心素养”的概念，并明确指出“各级各学校要从实际情况和学生特点出发，把核心素养和学生质量要求落实到各学科教学中”。高中各学科课程标准积极做出了回应，提炼了各学科核心素养。其中语文核心素养有：语言建构与运用、思维发展与提升、审美鉴赏与创造、文化传承与理解。在这四个核心素养当中，语言建构与运用是唯一或主要属于语文的核心素养，这是语文核心素养的个性；思维、审美、文化是相关学科都有的，即跨学科的素养，这是语文核心素养的共性。个性与共性是相互包含的关系，个性之中有共性，共性之中有个性。“文以载道，德以修身”，语文学科在促进学生思维品质、审美意识、文化素质的发展上有着独特的内涵和意蕴。语文课堂教学在关注语言建构与运用的前提下，始终指向学科价值和育人价值的紧密融合。课堂是核心素养落实到课程中最为微观、具体的层面，是核心素养真正落地，培养出所需人才的重要环节。于是，我尝试提出“简雅课堂”，让语文核心素养在课堂中落地生根，促成“学科价值”和“育人价值”的交融整合。

（一）简雅课堂之意涵

简雅即简洁雅致。简是美的，雅也是美的。论及语文课堂教学，我们必要把“简雅”这一美学概念的关系厘清一下。所谓简雅，“简”与“雅”或为并列关系，既追求简，意在去繁，又追求雅，意在审美。“简”与“雅”或互为因果关系，因简而雅，简之极雅之至；由雅而简，越雅致越简洁。总的来说，简是走向雅的简，雅是由简而致的雅。“简于形，而雅于心”是简雅课堂的思想精髓。

语文课堂的价值定位和育人追求，简和雅缺一不可。合则双美，分则两伤。只有当课堂教学价值追求定位在“简”和“雅”双重维度上才是有效的课堂教学，才能实现学科价值和育人价值的融合，才能培植学生语文核心素养，才是课堂教学的理想境界。

（二）“简雅课堂”对“简”的追求

1. 教学目标的简明。

教学目标是促进语文核心素养落地的关键因素和有效抓手。因为教学目标既是教学的出发点，也是教学的归宿。或者说，它是教学活动的主旨，决定着教学的全过程，并指明了教与学的方向。指向语文核心素养的简明教学目标要以语文本体性目标为统领，以“语用”教学核心为抓手，简明扼要，切忌繁杂。指向语文核心素养的简明教学目标要关注文本的语言文字，关注文本的语言运用，关注文体的阅读策略，关注学生的能力增长。一节课只有

40分钟，语文课堂教学只能做减法，不能做加法，教学不可能面面俱到。结合课程标准，依据文本特点，关注学生学情，精准确定核心教学目标，才能实现一课一得，才能有效促进学生语文核心素养的发展、养成。过于繁杂的教学目标，过于繁重的教学任务，不仅耗费师生的教学时间和精力，也会使文质兼美的课文支离破碎，毫无美感。简雅课堂需要教师把目标定得简明，制定简明的教学目标需要教师对课程目标和单元目标了然于心，对文本进行深入解读，对文本所处的教材位置的准确把握。

2. 教学内容的简约。

教什么比怎么教更重要，所以教学内容的选择非常重要。小学语文教材的篇幅虽大多比较短，但选择的教学内容也丰富多样，教学内容的选择要依据教学目标大胆取舍，准确选择。吴忠豪教授认为：本体教学内容，即知识、方法、技能。非本体教学内容，即情感、审美、文化等。语文教学应该紧扣本体教学内容的同时完成非本体教学内容，从而有效形成学生核心素养。教什么呢？根据具体文本主要从下面几方面来考虑。①考虑编者意图。编者选取一篇课文放在某一位置是有意图的，文章成为课文之后有它在这一位置所应该发挥的作用。②考虑作者意图。作者在创作这篇文章时，有什么时代背景和文本秘妙。③考虑文本体式。是什么文体的文章就要选择与文体紧密相连的内容，上出该文体的特点。④考虑学情需要，以学定教，为学而教，问题从学生中来，教在学生的疑惑处。⑤抓好课堂生成点。精心备课，用心倾听生生对话，师生对话，学生的思维生长点中有教师未考虑的精彩生成，这样的生成课堂，才是有活力的生命课堂。所以精于选择简约、核心教学内容，才能达到事半功倍的作用。

3. 教学过程简朴。

朱作仁教授曾说："语文教学要真实、朴素、扎实。"教学过程简朴是指"删繁就简"，去除花里胡哨，减去冗杂琐碎，绝不穿靴戴帽，更不云山雾罩，而是每一个步骤、每一道程序都有明确的目标指向，都能落实语文核心素养的培育任务。简朴的课堂教学过程是要站在儿童的立场，关注儿童语文学习的情感。简朴的课堂教学过程是对学生"语言建构与运用"能力的培养，培育儿童语文学习的能力。母语是中华儿女的精神家园，教师要以敬畏的心来教学、传授，要唤醒学生的心灵，发展学生的心灵，健全学生的人格。简朴的课堂教学过程是对母语教学的热爱和敬重。

简朴的课堂教学过程，简即“简洁而能约其要”，朴即“朴素而能实其质”，简朴教学的“要”和“质”就能“以一当十”“以少胜多”，“约以存博，简以济众”。直指语文学科的本色本真，直指语文课堂的“核心价值”，达到“冗繁削尽留清瘦，画到生时是熟时”的简约朴实的清新淡雅之化境。

（三）“简雅课堂”对“雅”的诉求

核心素养的本体就是人，就是学生的每一个体。语文素养同样聚焦于人，凸显学科育人、课堂育人的理念，通过语文教育培养彬彬有礼、温文尔雅、健康活泼、自信向上的充满“书生气”的文雅的人。中国人所说的“书生气”，就是一种“文雅”的气质，“雅”实为一种核心素养，“文雅”实质上是语文核心素养的综合表现。语文教学活动是有意识，捕捉语文文字的“简”和“雅”，丰厚学生的内涵底蕴，提升学生的外在气质，实现学生思维提升、身心健康、审美素质等全面发展。为此，简雅课堂对“雅”的语文素养诉求理应有如下内涵。

1. 雅正。

“雅”在《说文·隹部》中引申为“正确、符合规范”的意思，《毛诗序》：“雅者，正也。”引申出带有审美意味的“高尚、美好”的意思。而“正”字为“正当、正义”，后又引申为“标准”之义。所以“雅”“正”连用，属于并列结构的同义复词。《辞海》释为“典雅纯正，方正”。亚里士多德曾说，“中庸是最高的善和极端的美”，而且认为，“任何事情只有做到中庸才是正确的”。这种东西方共通的传统哲学思想，其主要美学特质表现为雅正。雅正成为规范化和审美化的价值标准。简雅课堂要朝着正确、规范、典雅、诗意等方向发展，既要有科学精神、辩证思想、批判意识和教学逻辑的理性美，又要有意境优美、想象迷人、语言优雅和韵律和谐的感性美。简雅语言要以教学的理性强调正确规范，以教学的诗性感染学生的灵魂，以雅正彰显审美价值，养成良好的审美习惯和高尚的思想情调，最终造就学生完整而美好的人格。

2. 雅趣。

雅趣即高雅的意趣。“雅”——文化的味道浓郁，“趣”——游戏精神十足，雅趣具有独特的语文气质。入选教材中的文本大都具有清新自然、雅气悠然的汉语言文化的气息，游戏又是儿童最重要的天性之一，所以简雅课堂应该让悠远绵长的语言文字，以情趣盎然的课堂游戏高雅地表现出来。语文老师要富有爱心、童心和智慧，让简雅课堂充满着情趣、意趣、理趣，巧妙地把学生带入学习情境之中，营造极富趣味的课堂生活。在教和学的过程中，带领学生走进母语文化世界，在美的享受中感受祖国语言的智慧和诗意，既启迪学生的思想，又培育学生的智慧。妙趣横生的课堂让学生在学习过程中拥有生命成长的幸福感。

3. 雅致。

雅致即美而不俗，文雅而美好。语文教学是最具魅力和艺术性的教学之一，简雅课堂应该回归雅致文化的正途。伽达默尔说："谁拥有语言，谁就拥有世界。"这里的语言指的是雅致的语言。要想让学生拥有雅致的语言，教师必须提高自己的语言功底，下力气提高自己的文学素养，增强自身的语感。高水平的诵读可以把文字符号变成可视可感的画面或形象，让学生在直接的感知中，进入形象化、有感染力的教学场域。所以，追求语品雅致，锤炼朗读生动，是简雅课堂对教师语文素养的要求。教师生命"雅致"起来，才能用自己的雅致去影响学生。课堂还应有文学的味道，优雅的活动，诗意的情境，智慧的光芒，不仅有细节的高度，更有艺术的高度，摒浮华，弃雕饰，崇真朴，尚醇厚，简约而丰美，清丽而雅致，才能使学生成为文雅之士。

（四）"简"与"雅"的融合，指向语文核心素养

"简"与"雅"的融合，才是语文课堂教学的理想境界。两者融合共生的价值图景乃是指向语文核心素养。

1. "简"是走向"雅"的"简"。

"简"是"雅"的实现途径，课堂教学越简洁就越有效，越简洁就越雅致——简之极，雅之至。

语文课堂教学中，简可以作为实现雅的手段、手法和工具，其作用在于让课堂教学简洁雅致起来，使课堂教学臻于审美境界，让受教育者在简约美好的课堂气氛中乐于受教，感受着内心的欢愉和精神的喜悦，收获着获得知识的满足和兴奋。文学作品异彩纷呈，阅读的这种愉悦包括快乐、喜悦、感动、凄美、惋惜、悲壮等。纵观人类教育史，中西方的教育家都强调学生在愉悦的审美体验中接受教育，即寓教于乐。教学目标简约得当，教学板块疏朗明晰，教学语言清词丽句，教学过程清新简朴，语文教师用自己的诗情、才情，铸造出一道道浪漫的语文风景线，师生共创出波光潋滟的语文课堂，使学生在此过程中产生美好的智慧体验、情意体验和价值体验。将一篇篇的文质兼美的课文附丽在简约典雅的课堂形式之上，更能熏陶着学生的审美、陶冶着学生的情感，让学生在学习过程中感受到幸福和满足，从而培养着学生真善美的优秀品质，为学生未来人生幸福打下底色。

2. “雅”是由“简”而致的“雅”。

简雅，简是条件，雅是目的。“雅”成了课堂教学的价值追求。“简”是实现雅的载体和路径。简的最高境界必定雅，雅的形式和内容必是简。

简雅课堂的雅是由简而致的雅，是由繁入简的，应意在象外，含蕴精深，简不是简单，不是简易，是虽简却立体，多层面、多维度，是富于诗意的表达，是一种雅美，雅是简的旨归。在课堂教学中，通过语言的建构与运用，思维的发展与提升，注重审美的鉴赏与创造，文化的传承与理解；通过对文本对话过程中，尽情领略语文风花雪月的美丽，同时注重对学生精神领域的影响，受到崇尚情操与趣味的熏陶，发展学生个性，丰富学生精神世界。努力在“简”中求“美”，“美”中求“雅”。简雅课堂的教师眼中要有学生，心中要有语文，胸中要有策略，以少胜多、以简驭繁，一定能带领学生在美的课堂中获得知识和能力，在美的课堂中接受熏陶和教育，这将会让学生受益终身。

3. 简雅课堂：学科价值与育人价值合璧统整与交相辉映。

简雅课堂不仅在于简，还在于雅。雅是简的标准，雅是整个教学的风貌，雅是简雅课堂的底色。雅与简融汇在一起成为简雅课堂的灵魂，这就是简雅课堂教学要追求的境界。语文课堂中的简雅，既是一种思想，又是一种策略，其本质就是要遵循教育教学规律和人的全面发展规律，追求用最简雅的方式实现最大效益的育人功能。

三、简雅课堂：对教学的艺术追寻

（一）悦耳悦目的智识美

悦耳悦目主要是指人的耳朵和眼睛感到快乐、愉悦。简单地说，就是好听好看。比如：整洁幽雅的教室，打扮得体的教师，工整简洁的板书，悦耳流畅的语言表达，精美淡雅的教材和符合儿童审美的文本设计等等。这些可直接感知的“音”和“形”给人以悦耳悦目的直观美感。

所谓智识美就是在课堂中，学生既能体会到知识获得的愉悦感，又有获得知识过程的智慧挑战的征服感，是人的智性得以张扬的智慧挑战过程。智识美是教学过程中学生之间交流讨论的新思想、新智慧的迸发，以及经历困惑愤悱之后的恍然大悟的醍醐灌顶之感，是学生对新知的真挚的热情，对新问题新困惑的惊喜发现，对真知的追求，对真理之真、自然之真的探索过程中的审美。

比如人教版五年级下册的《冬阳·童年·骆驼队》，教材中有两幅插图，一幅是爸爸和拉骆驼的人在讲价钱。“人在卸煤，骆驼在吃草”，“我”站在骆驼面前看骆驼咀嚼的画面；一幅是老北京城墙外，落光叶子的一排树下，一队骆驼缓缓走来的画面。文字，画面，形象又生动。文字美，画面美。

《教师教学用书》中“说明”的第三点“教学中需注意的一些问题”——“在课文中发现语言表达的特点”，要求在小英子看骆驼咀嚼的这段文字中“体会观察细致和表达生动”。教材中第二组课文的导读有“阅读本组课文，感受童年生活的情趣，体会词句表达的感情，并学习留心观察生活，用心感受生活，真实地表达自己的感受”。根据“说明”和导读，我在目标的制定中，把“学习作者观察细致和表达生动的语言形式，并尝试运用”作为这节课的核心目标。

在课堂实施过程中，我用比较长的时间来完成这个核心目标，程序是先学习“咀嚼”这个新词，再通过各种形式的朗读、积累、交流、点拨，逐渐弄明白作者的写作密码：因为作者观察得细致，才会表达如此生动，并在表达中用了排比的修辞手法，抓住了骆驼外形和动作的特点，写了自己看的感受。最后让学生动笔用这样的语言形式来写自己喜欢的动物或教师提供的动物的图片，同时选取了林海音《城南旧事》中写金鱼和小油鸡的片段让学生学习，一方面巩固所学的“体会观察细致和表达生动”，另一方面也激发学生读整本书的兴趣。让学生在美的“音”和“形”的环境和氛围中，入情入境，围绕教师设计的“体会观察细致和表达生动”的语用目标，朗读、思考、积累、交流、表达，通过自己的努力，探索求知，使知识和智力都有新的长进，从而获得满足感。教师要将一篇课文中的核心的语文知识，以一种丰富的、充满趣味、富有吸引力的形式来呈现，使学生满腔热情地投入学习中，有所领悟，学有所得。

（二）悦心悦意的情感美

悦心悦意是审美经验中最常见、最普遍的形态。悦心悦意是一种通过审美想象、审美情感，从感官快速上升到全身心的愉悦的美感享受，类似我们通常所说的那种“只可意会不可言传”的美感体验。也可以说除了当时的好看之外，还有耐人寻味之处，能够浅显地表达对现象的反思，简单地激发对自己人生的思考。

入选教材的作品几乎都在呈现、服务和创造着悦心悦意的审美形态。比如《城南旧事》的序言以《冬阳・童年・骆驼队》为题，三个词组并列，中间用间隔号隔开，勾画出一幅记忆深处的童年印象，营造出了一种深沉广阔的意象空间和情感空间。课文以季节变换为序，围绕着骆驼队写了学咀嚼、谈驼铃、想剪驼绒、恋骆驼四件小小的童年趣事。作者朴实纯真的笔调，梦境般的语言，展现在读者面前，像一曲童年的歌谣。多么雅气又极具诗情的可爱女孩！多么美好而又无拘无束的童年！寒来暑往，春去秋来，童年却一去不返了。那深深的怀念、淡淡的忧伤，在字里行间氤氲着。童年，永远的童年，心灵的故乡，这种悦心悦意的情感美，让学生如何体会到呢？

我选取了电影《城南旧事》的主题曲《送别》，在课前播放。听着听着，学生不由得进入了情境。它为整节课定下了一个舒缓忧伤的感情基调。一节课四处回旋复沓朗读“我默默地想，慢慢地写，又看见冬阳下的骆驼队走过来，又听见缓缓悦耳的驼铃声。童年重临于我的心头”，这段文字不断地强调，童年重临心头那种淡淡的感伤与深深的怀念，使学生在一次次的情感冲击中，渐渐感受到林海音在写作时的内心情感。在《送别》的音乐声中，出示：

冬天快过完了，春天就要来了。

夏天来了，再不见骆驼的影子。

夏天过去，秋天过去，冬天又来了，骆驼队又来了。

童年却一去不返了。

教师深情朗读之后，进行了逐次加深扩展的引读，将课文倒数第 2 段中的“冬阳底下学骆驼咀嚼的傻事，我也不会再做了，可是，我多么想念童年在北京城南那些景色和人物呀”这个句子的内涵具体化、形象化，让学生置身于文本之中，仿佛身临其境地看到冬阳下的骆驼队，听到缓缓悦耳的驼铃声，从而对作者“淡淡的感伤，深深的怀念”有了更深刻的体会和感悟。

这个片段的情感美来自两个方面。一方面，学生在学习过程中经受《冬阳·童年·骆驼队》优秀文化的烛照和高尚情感的沐浴，获得一种精神的愉悦。这种愉悦在不同的文本中表现是不同的，它包括快乐、成功的喜悦、凄美、悲壮、感动等，由此学生个体的精神与情感得以唤醒、提炼和升华，在一定程度上说，课堂教学的过程就是凭借人类优秀文化来升华学生的情感品位和精神境界的过程。

另一方面，教学在本质上是师生之间的对话和交往，师生之间不仅围绕着语文知识来体验智识美，而且通过交往还能产生情感美。悦心悦意的情感美是师生之间在教学过程中达到一种高度和谐的美，诚挚互爱的美，心心相印、志趣相通的美。课堂中这种共创的美，使师生双方在彼此眼中都是审美对象。对于学生来说，教师是智慧的代表，教师不仅是知识渊博的学者，更是散发着人格魅力的引路人。对于教师来说，学生是美的精灵，是活力四射不断成长的生命体，是美的化身和天使。悦心悦意的情感美还使文化美与人格美通过教学而得以放射与交融。

悦心悦意还有其多样性和复杂性，西方理论界有“一千个读者，一千个哈姆雷特”的观点，而中国古代董仲舒在《春秋繁露》明确提出“诗无达沽”，刘勰也在《文心雕龙》中说“夫篇章杂沓，质文交加，知多偏好，人莫圆该”。这些都说的是不同审美主体对同一作品审美感受不同。比如同一篇课文，不同的老师、不同的学生、不同心境的人去阅读，去教学，去欣赏，所获的审美感受、理解是不同的，即使同一个老师，在不同年龄段教学同一篇课文，所产生的审美感受也会有其丰富性和差异性。

（三）悦志悦神的生命美

悦意悦神是人类所具有的最高等级的审美能力。所谓悦志，是对某种合目的性的道德理念的追求和满足，是对人的意志、毅力、志气的陶冶和培育；所谓悦神，则是指向本体存在的某种融合，是超道德而无限相同一的精神感受。超道德就是达到孔子所说的“从心所欲不逾矩”的境界，是一种不受道德规则、不受自然规律的束缚、强制，却又符合规律的道德。通俗地说就是既能让人的感官感受到美，又能够启迪人、教育人、鼓舞人，深刻体现自强不息、奋斗不止、厚德载物的精神文化，能够持久地激发人们的奋斗精神，影响人们的价值观念。

教育教学归根结底就是为了人，为了生命成长中的儿童。“人”才是一切教学活动的归依。美学的第一真理是人，“人是美的”在这一简单的真理上建立了全部美学。“人是美的”，这一箴言不仅是美学得以存在的根基，也是课堂教学价值论的最终依据。悦志悦神的生命美的教学艺术是通过课程教学树立起学生崇高的道德追求和坚定信念意志，淡泊名利、严肃豁达的人生处事态度，如美学大师朱光潜说的“以出世的精神做入世的事业”等精神和追求。悦志悦神的生命美的教学艺术是要激发学生内心的志向，去追求中国传统哲学的“天行健，君子以自强不息”的不离感性又超越感性的生命状态。

《冬阳·童年·骆驼队》如何让学生达到悦志悦神的生命美呢？仅仅停留在课内的阅读是不够的，要由篇及书，从课内延伸到课外阅读，让学生养成读书的生活方式，让更多的文学作品熏陶感染，从而自我成就悦志悦神的生命美。我在课堂中想方设法打通《冬阳·童年·骆驼队》这篇课文与《城南旧事》整本书的联系，课前播放电影《城南旧事》的主题曲，简介《城南旧事》，课的结尾展示目录，播放《朗读者》中《爸爸的花儿落了》，以及最后再次简介《城南旧事》，激发学生阅读期待。在品读“学咀嚼”中，拓展阅读《城南旧事》中两个写动物的片段，再次把学生的目光引向更广阔的阅读空间，实现以一篇带动一部小说的阅读。如《城南旧事》中的各种人物的生活境遇，矛盾冲突，文章的表现手法，以及所表达的精神，无不给孩子以生命的思考和人生的启迪，他们在阅读中辩证，在阅读中成长。

悦耳悦目的智识美主要培养人的感知，悦心悦意的情感美主要是在理解想象的基础上培育人的情感心境，悦志悦神的生命美却是在道德的基础上达到某种超道德的人生境界。

简雅语文教学艺术是认知和情感共同作用而生成之美，二者不可或缺，简雅语文教学艺术是一种依存之美，依存于具体的文本、情境和意象中，简雅语文教学艺术是一种崇高之美，紧紧把握住悦耳悦目智识美，悦心悦意的情感美、悦志悦神的生命美，唯有如此才能催人奋进，永不停息！

四、简雅课堂：落地法宝“读思达”

简雅语文简约而不简单，简雅课堂要追求课堂教学艺术，呈现简雅之美。如何让简雅语文真正落地？唯有“读思达”！我们从学习过程（认知加工）的角度，把学生的学习能力分为阅读能力（输入）、思考能力（加工）和表达能力（输出）三种。简雅语文教学提倡简读、精思、雅达。

（一）简读，指向目标内容策略

在学习过程中，学生对学习目标（为何读），学习内容（读什么），学习策略（怎样读），应该胸有成竹、清楚、明白。简雅课堂要求学生要简读，读的目标明确，读的内容选取得当，读的策略选用精妙。一节课时间有限，简明的学习目标，简约的学习内容，简妙的学习策略是课堂简捷、高效的必备条件。

首先，确定简明的学习目标。学习目标是学习的出发点，也是学习的落脚点。简雅课堂要求教师教学目标简明，同时也要求学生对每一节课制订简明的学习目标。简明学习目标的制订，教师要先根据学段告知学生本学段的常规目标以及教给学生制订人文目标的方法。教给学生制订核心目标的一般方法：引导学生从单元导读中去寻找语文元素，作为本单元的核心目标，再结合每一课的课后习题制订课时核心目标，最后根据自己的实际情况制订跳一跳可以摘到果子的学习目标。有的课文如文体较陌生或有独特的文本秘妙，学生无法根据一般方法制订学习目标，教师在备课中要备学习目标并告知学生，在课之伊始就开诚布公地宣布这节课的学习目标。如教学《我最好的老师》时，我就告诉学生：今天我们要一起学习《我最好的老师》，看看这位老师与我们认为的好老师有什么不一样。课文用了“一事一议”的写作方法，我们一起来学习这个写作方法。这样学生就非常明确，这节课要学习“一事一议”的写作方法，同时明白“我最好的老师”是一位怎样的老师。长此以往，学生在学习中就有了目标意识，渐渐具备了制订目标的能力。学生学习目标越明确，越简明，越切合自己实际，获得的收获和成功就越大。

其次，选取简约的学习内容。学生会制订课时学习目标，在预习时可以根据目标，进行前期的自主学习。常规目标如第二学段、第三学段的生字新词，读通课文预习时可以试着自主学习，并寻找与核心目标相关的重点段落、关键句子和词语进一步学习，在阅读中受到初步的感动和人文熏陶。带着预习中没有弄明白的问题进入课堂，在课堂中选取老师讲授的重点，与同学就关键问题讨论，交流自己的看法。要求学生选取简约的学习内容。首先，教师的教学内容要简约，简约的教学内容从学段目标的科学定位中来，从具体课文的教学解读中来，从准确的学情把握中来。同时，课文内容是学生语文学习的重点，教师要以课文内容为主，若引入课外内容，要简约、实用，要为课文内容的学习服务或做适当的补充拓展，让学生在开发课文资源的同时，看到更广阔的语文天地。教师在指导学生选取简约学习内容时可以引导学生根据语文要素，从梳理课文脉络，关注关键词、句，抓住规范句式，品味修辞手法，分析段落结构，转述语句篇章等方面入手。

最后，选用简妙的学习策略。学习策略是能够提高学习效率的方法。对于语文的学习，重要的是掌握学习方法，或者说是掌握学习的策略，学生掌握了各种简妙的学习策略，学习就有可能取得事半功倍的效果。简雅语文教学要求教师在每一节课备学习策略，坚持一课一教，教师示范，学生互教，自主运用。教师教给学生简单又精妙的学习策略，让学生习得方法，形成能力，从而能够自能学习。比如识字写字策略：认读、辨别结构、关联学过的生字、用新字组词，简单说就是“一读二辨三联四组”。阅读策略预测、联结、图像化、提问、找重点、比较、统整、转化和监控，要分学段分年级示范、模仿、尝试、检测、巩固，让学生真正学到手并能熟练使用。语文是记忆积累的学科，记忆是笨功夫，需要学生下苦功夫，这往往是学生头疼的。如果教给记忆的策略，让记忆有趣起来，学生背诵就容易多了，如口诀记忆法、比喻记忆法、谐音记忆法、提纲记忆法、图表记忆法等。不同的学生有不同的兴趣爱好，他们所采用的学习策略也不尽相同，教师在教学中尽量多一些策略意识，同一学习内容可以用一种、两种甚至多种学习策略，供学生选用，这样学语文就变得轻松有趣了。

（二）精思，指向品读想象探究

《义务教育语文课程标准（2011 年版）》（以下简称“2011 年版课标”）在课程目标和内容中的第 4、5 点要求：“在发展语言的同时，发展思维能力”“能主动进行探究性学习，激发想象力和创造潜能”。语文学习过程要经历思考加工过程，简雅语文教学中的思考过程，要求学生精思，抓住关键语句品读，感受思想，展开合理的想象学会思考，在主问题中合作探究，学会思辨。

其一，在品读中感受思想。入选教材中的课文大都是文质兼美的文章，蕴含丰富的味道及其思想，讲究含蓄之美。在学习中要有一双发现的眼睛，懂得质疑问难，反复咀嚼品味，才能发现课文丰富的内涵和深层的意蕴。如《跨越百年的美丽》语言凝练又极富美感，含义深刻的语句很多，有些句子平平常常看似简单，其实是牵一发而动全身的关键语句。如“她美丽健康的容貌在悄悄地隐退，逐渐变得眼花耳鸣，浑身乏力”这样一个不起眼的句子，引导学生发现它与课题的矛盾，质疑问难：悄悄隐退的美丽如何可以跨越百年之久？再联系一些关键词句，品味、揣摩、涵泳，发现原来这跨越百年的美丽不仅指她的容貌之美，更主要指她的精神之美、成就之美，从而受到居里夫人淡泊名利的高贵人格和全身心投身科学的忘我精神所感染和熏陶。思想是理性认识的结果。在学习中通过品味语言文字，感悟作品表达的思想，既可以让学生从语言文字中，分析概括出文字背后的意思，还可以感受品味语言的魅力，受到高尚品格的烛照，这无疑可以锻炼学生思维的深刻性。

其二，在想象中学会思考。“想象力比知识更重要。”小学阶段是人的想象力最活跃的时期，有人说儿童天生就是诗人，这个阶段培养学生的想象力，让学生学会思考，培养学生思维都是十分重要的。语文是一门极富情感，极具个性，极易激发想象的学科。简雅语文教学，找好课文想象的切入点，设计有效的想象环节，让学生插上想象的翅膀，透过文字看到画面，透过文本看到生活，获得美的享受和人生感悟。如《祖先的摇篮》，在学生学习第 2 小节和第 3 小节时，运用声音、画面、色彩与文字对接，让学生展开联想，激发学生入情入境地朗读，积累了“摘野果”“逗松鼠”这样的一些词组和“我们的祖先可曾……可曾……”“孩子们也在这里……也在这里……”诗意的句式。教师引导学生：想象一下，人们在祖先的摇篮里，还会做些什么？可以仿照第 2 小节或第 3 小节说一说吗？学生的精彩就来了：我们的祖先可曾在这片花丛中看蜜蜂采蜜、看花蝴蝶舞蹈？可曾在那方池塘里捉泥鳅、逗小虾？那时候孩子们也在这里采野菊花、编织花环吗？也曾在这里和小猴子玩捉迷藏、看大象洗澡吗？在想象中，学生就学会了思考，学会了运用，建构了语言，加深了体验与感悟。

其三，在探究中学会思辨。探究既是一种学习方法，也是一种学习过程。

探究学习过程有质疑、比较、分析、求解，在这个过程中，小组合作、同伴互助探究研讨，进行创造性思辨阅读，发展学生的创造性思维，引导学生学会思辨，培养学生独立思考质疑问难的习惯。探究学习可以在新知生长点展开，也可以在疑难处展开，形式有问题解决式探究、质疑批判式探究等。如用“问题解决式探究”学《我最好的老师》。围绕着核心的主问题“怀特森是好老师还是坏老师”，根据“事”和“议”两个部分设置两个相关问题：一是默读课文1—4自然段“事”部分，说说在怀特森先生公布他的意图之前，你认为他是“好老师”还是“坏老师”。画出相关句子，说说你的理由。二是细读课文5—8自然段的“议”部分，画出相关句子，寻找足够的理由说服我的朋友。学生自主阅读，自主思考，合作交流，把课文语言变成自己语言，思辨求解，整个学习过程自主探究，主动建构，生动活泼又极富个性，使解读更深刻，评价更有效。探究学习有助于学生积极参与学习过程，运用综合知识，分析文本，概括归纳，得出结论，创造性地解决问题，站在哲理思辨的角度思考问题，深入阅读，成为主动学习的探索者。

（三）雅达，指向雅正雅趣雅致

余文森教授说：“没有表达，阅读的效果失去一半；没有写作，倾听的效果失去一半。没有作品，理念的效果失去一半。读得多，不如写得多！写是最好的读！”可见写的重要性。简雅语文追求培养雅正、雅趣、雅致的全面发展的文雅的中国少年。在简雅语文教学中时时要求学生表达文雅。雅达就是指文雅地表达，不管是口头表达，还是书面表达都能正确、规范、逻辑清楚地表达自己的看法和感受，讲美言雅语又不失风趣幽默。

首先，表达雅正。一说，规范完整。作为中国人，我们每天都在抑扬顿挫的语音中享受汉语的魅力，说一口流利标准的普通话，维护母语的尊严，就是爱国的具体表现。作为语文老师，从第一学段开始，在课堂提问就要引导学生说规范话，讲完整句。二读，正确流利。指导朗读，教师要根据“读”的语文要素循序渐进地指导学生读正确、读流利，甚至读得有感情，把文字符号经过学生的理解和感悟，用声音、节奏、语调表达出可视可感的画面或形象，让人受到感染。三写，写字规范端正；习作清楚明了，文从字顺。每一个汉字都是一首优美的诗、一幅美丽的画，要写一手正确规范的中国字。习作更是记录自己所见所闻所思所感。当然说中有演、唱的表达，读中有背、诵的表达，写中还有画、注等的表达。不管表达的形式和种类如何变换，雅正表达的宗旨不能变。

其次，表达雅趣。在表达雅正的基础上，要求学生表达雅趣。雅趣指高雅的意趣。简雅语文表达雅趣指有意思，有意义。表达有意思是“我手写我心”的真实表达，在真实的任务驱动下，创设真实情境，表达真实情感，是让学生情感自由喷发，思维自由驰骋，形式自由发挥的表达。同时应该激活童心童趣、尊重儿童语言，鼓励童真的创意表达。表达有意义一是所说所写是自己亲身经历的事情，表达真情实感，能感动人，教育人，启发人，能给人以美的享受，甚至催人奋进。二是要让所说所写的有意义，必须有听众或读者。学生和教师都是听众，教师课堂上静静倾听发言，同时培养全班同学倾听的良好习惯，经常鼓励、表扬学生。习作发表对学生来说意义非凡，教师应该想方设法让学生的习作以各种形式发表，课堂上、手抄报里、校园广播站、校报校刊中、微信QQ群，甚至向报刊投稿，发表。

最后，表达雅致。在表达雅正、雅趣的基础上，追求表达雅致。雅致是美而不俗，文雅而美好。简雅语文表达雅致指表达有品质。表达有品质就是表达得有质量。文以载道，习作是学生的创造。学生把自己的思考、想法用语言表达出来，成为习作。习作是一种内在语言的外显。好的表达金玉良言、字字珠玑、掷地有声、意味深长；好的表达自然美、人性美、意境美、文学美；好的表达温暖人心、感召人心、启迪人性。它可以引人入胜，感人肺腑；可以“致远”，可以“气自华”。所以有品质的雅致表达是表达的最高境界。要想让学生拥有雅致的表达，教师必须提高自己的表达功底，下大力气提高自己的文学素养，增强自身的语感。教师课堂语言要规范、经典和优美，要锤炼朗读生动，追求表达雅致。与此同时，教师要经常和学生一起写下水文，并且笔耕不辍，这样才能起到示范引领的作用。教师表达“雅致”起来，才能用自己的雅致去影响学生。

第二章　简雅语文课堂的创建

万山磅礴，必有主峰；龙衮九章，但挈一领。（清·曾国藩）

冗繁削尽留清瘦，画到生时是熟时。（清·郑燮）

第一节　简洁的教学策划

凡事豫则立，不豫则废。（西汉·戴圣）

一、教材雅正精准的解读

教材解读是教师重要的基本功之一。简雅语文教学要求教师要能做到雅正精准地解读教材，这样才能带领孩子沿着正确的方向抵达芳草茂盛的彼岸。

（一）以儿童视角来解读教材

简雅课堂教学指向语文核心素养，培养雅正、雅趣、雅致的全面发展的中国少年，教材的雅正解读首先要立足儿童视角。叶圣陶说："真心的教育是心心相印的活动，唯独从心里发出来的，才能打到心的深处。"从儿童的视角，用儿童的眼光，站在儿童的立场解读教材，才能开启学生的思维，激发学生的学习兴趣，达到雅致的课堂效果。

以儿童视角捕捉教材语言，讲当讲的，练当练的；以儿童的视角感受作者情感，达到观文者披文以入情，以生动的感情使课堂悦志悦神；以儿童的视角思考问题，揣摩在阅读的过程中可能会产生的好奇问题，并思考解决的办法，上课时才能和学生在同一频道上交汇交流；以儿童的视角来考虑寻找教材可能需要的课外阅读资料，让学生运用课内学到的方法，自主阅读学习，提升能力，拓展知识。

（二）以语言建构来解读教材

在语文四大核心培养中，语言建构与运用是唯一或主要属于语文的核心素养。所以在解读教材中，特别要关注每一个教材的语言建构点。著名特级教师薛法根说，教材的语言有三个层次：一是适合儿童现时交流的伙伴式语言，学生能听懂，也能自由运用表达；二是适合儿童发展的目标式语言，学生经过学习、模仿就能学会的语言；三是适合文学作品的精粹式语言，这样的语言典范、优美，蕴涵丰富的思想和语言的表达艺术，具有言语智慧，但需要学生具备足够的生活积累、知识积累和情感积累，才能逐渐体悟到。因此，在解读教材时，看看哪些语言是学生已经能看懂、可以自由表达的伙伴式的语言，教师无须讲解，学生就自己能读懂；哪些是适合儿童发展的目标式语言，教师要真正吃透语言的意思和表达方法，并考虑学生的认知水平，设计切实可行的语言实践活动，引导学生品读、模仿、运用，并能转化为自己的语言；哪些是精粹式语言，教师要引导学生朗读、品鉴、积累，丰富学生的知识储备。

（三）以编者意图来解读教材

在简雅语文教学具体实践中，教材并不能简单地等同于语文教学内容，教材只有以编者意图来解读后取舍开发，方能成为课堂上的语文教学内容。

统编版教材围绕着人文主题的语文要素双线组织阅读单元或策略单元，所以在解读教材时要关注各单元的语文要素，即语文的基本知识、语文学习的相应能力。这些语文知识、学习策略和学习习惯分成基本知识和能力训练点，由浅入深，由易到难，体现在各个单元的练习当中。教材解读要有一双慧眼，以编者意图即相应的语文要素去解读教材，捕捉教材价值，重新解读教材内容，让教材在这个位置上发展它应有的作用。

统编版教材在阅读的编排上还体现了三位一体，即精读、略读和课外阅读三者结合，阅读教学的多样性。解读教材也要多样性，精读有精读的语文要素训练重点，略读的课文要素在训练中要略微放宽，课外阅读就要逐步学会自能学习了。

（四）以文体特征来解读教材

“把语文课上成语文课，上成所教那个年段的语文课，上成所教那种类型的语文课。”要把语文课上成所教那种类型的语文课，就要求教师要以文体特征来解读教材。

记叙文遣词造句精彩，句式表达精巧，情感抒发精美；说明文文章构思严密，内部结构严谨，修辞运用严格；诗歌语言凝练，形式精练，意境洗练；童话幻想天真，形象纯真，情感至真；寓言语言描绘形象，画面故事具象、寓意揭示抽象。不同文体有不同的语言品味，教师在解读教材时要针对不同文体的语言品味，解读出不同文体的语言要点，进而品出不同文体的味道，才能上成所教那种类型的语文课。

教材雅正精准的解读根本目的是为了满足学生的发展需要，从编者意图、文体特征等方面，以学生语言建构为中心，服从学生阅读能力、素养为核心的整体发展。那种为解读而解读的教学行为，造成教材解读脱离学生实际、游离语文要素的弊病，使阅读教学成为教师自说自话的才艺表演，是要摒弃的。

学生的语文核心素养提升，才是简雅语文教材雅正精准解读的不二选择。

二、教学核心价值的追寻

教学目标是教学的起点和归宿，是教学活动的核心和灵魂，统领着教学的全过程，决定着课堂教学效果的高低优劣。简明的教学目标正是简雅高效课堂的保证。教学目标一般分为常规目标、核心目标（个性目标或重点目标）、人文目标。

（一）基于不同学段，确定常规目标

常规目标包括两方面内容，一是每篇课文教学几乎都会涉及的目标，如，小学课文教学中的识字写字、朗读积累、概括主要内容等等；二是前期课文教学中的“语文核心目标”在后期教学中的常规性使用。

2011 年版课标“识字与写字”中关于识字能力的学段目标：第一学段“学习独立识字”，第二学段“有初步的独立识字能力”，第三学段“有较强的独立识字能力”。第一学段“学习独立识字”，有趣的识字方法的指导是核心目标——归类记忆、生字加减法、游戏识字、编写字谜等。第二学段，基本上能运用这些方法进行独立识字。第三学段，可以熟练并融会贯通地使用，有较强的独立识字能力。所以，识字方法的指导在第一学段是核心目标，到第二学段、第三学段就逐步过渡到常规目标。

比如《画杨桃》这篇文章，在人教版教材中，在三年级下册，属于第二学段；在统编版教材中，在二年级下册，属于第一学段。那么，同一篇课文的教学目标就不一样了。我们列个表来分析一下：

版本及学段／项目	统编版二年级下册（第一学段）	人教版三年级下册（第二学段）
学段目标	1. 学习用普通话正确、流利、有感情地朗读课文。学习默读。 2. 学习独立识字。	1. 用普通话正确、流利、有感悟地朗读课文。初步学会默读。学习略读。 2. 有初步的独立识字能力。
课后习题	1. 朗读课文，注意对话的语言。 2. 看到“我”画的杨桃，老师和同学们的做法有什么不同？用自己的话说一说。 3. 读一读，记一记。 靠近、依靠、可靠；注视、仰视、视而不见；抢先、抢救、抢夺；喜悦、愉悦、赏心悦目。	1. 我要有感情地读课文，还想把老师说的那段话背下来。 2. 默读课文，我们来交流一下，读后会想到什么。 3. 课文里有些句子意思深刻，我想抄下来。比如：“你看见一件东西，是什么样的，就画成什么样，不要想当然，画走了样。”

根据学段目标，统编版二年级下册的《画杨桃》，学习独立识字和学习朗读课文要作为核心目标。人教版三年级下册的《画杨桃》的独立识字就成为常规目标，教师只要教难写、难读、难理解的一些字词即可，不用面面俱到。统编版二年级下册的《画杨桃》要把朗读课文作为核心目标，而人教版三年级上册的《画杨桃》把默读静思作为核心目标，有感情地朗读只要指导一两个关键句子。再根据课后习题，统编版的《画杨桃》“朗读课文中指导读好对话的语气”到了人教版三年级就成了常规目标。“用自己的话说一说老师和同学们看到‘我’画的杨桃的做法有什么不同”，换种方法表述也成了常规目标，用“扩词识记”生字也是常规目标。第二学段的《画杨桃》的教学目标有：朗读课文，理解积累意思深刻的句子，默读课文，表达自己读后的感受。《画杨桃》两个不同学段的教学目标如下：

项目 \ 版本及学段	统编版二年级下册（第一学段）	人教版三年级下册（第二学段）
教学目标	1. 借助扩词识字、归类识字等方法认识生字，指导书写“嘻”“摆”等字。 2. 借助实物理解“我”把杨桃画成五角星的原因。 3. 运用停顿、重音，想象画面等方法指导读出对话的语气，说说同学们和老师做法的不同。	1. 有感情地朗读课文。 2. 默读课文，交流读后会感受。 3. 理解课文里含义深刻的句子，并积累。

（二）基于特殊文本，确定个性目标

语文教科书是围绕人文主题进行编写的，一些课文在语用表达方面有其特殊性。某种独特的个性，是其他课文没有的，在目标的制订上就要关注“这一篇”课文的独特之处，思考在“这个位置”上可不可以当成核心目标进行教学。比如景美情深的课文以赏读积累为主，故事性强的课文以熟读、复述、内化语言为主，写法上有特点的课文以领悟写法、读写结合为主等等。

人教版四年级下册《和我们一样享受春天》是第四单元“战争与和平”主题中的最后一篇略读课文，是高洪波的一首现代诗。这首诗作为一篇略读课文出现，没有办法使用精读课文学到的方法进行迁移学习。我们来看：前面的三篇课文是外国文学《夜莺的歌声》，略读课文《小英雄雨来》，书信《一个中国孩子的呼声》。从第四组的单元导读中我们了解到这是“战争与和平”的人文主题。单元导读：“你知道过去战争中的孩子是怎样生活的吗？你知道现在有一些地区的孩子又是怎样面对这不太平的世界？让我们一起学习这组课文，去了解战争给孩子带来的苦难，聆听他们对和平的呼唤，我们还要通过听广播、看电视、读书看报，关注世界上发生的大事，更多地了解战争中孩子的生活。并想一想：我们能为世界和平做点什么？”导读没有要求这组语文的学习要用什么方法。况且诗歌的教学与故事、书信的教学方法又有很多不同。《和我们一样享受春天》这首诗写作手法很有特色，前四节的结构相同，都用了“本来……可是……”的对比手法，每一节最后一句都是“这究竟是为什么”的反复。这样的课文在语用方面的特性，教师在教学目标的制订中，不能放过。要把引导学生发现作者的表达手法作为重要目标，指导学生有感情地读出对比，读出反复的语气，通过练笔写一节诗。再引导学生发现作者选材的精妙，“大海”“沙漠”“夜空”“草地”，分别从海、陆、空来选材，突出表现了战争给整个大自然带来的伤害和灾难，让孩子们再一次受到心灵的震撼，学生同时也明白了作者在布局谋篇中的独具匠心。这样的教学也对学生的写作产生影响。这样的目标设定，以语文教学的本体性目标为统领，在保证本体性目标实现的前提下，达到热爱和平的思想情感教育的语文教学的功能性目标。所以，教师在制订教学目标时，当一些略读课文无法迁移使用从精读课文学到的学习方法时，当文体也不相同时，当这一篇课文有其独特的写作方法时，就应该立足文体，确定个性目标。

（三）基于语文要素，确定重点目标

统编教材采用双线组织的单元结构进行编排，每个单元既有人文主题，又有明确的语文学习要素，知识能力的要求更加清晰，也让一线教师在制订教学目标时更加有章可循。

拿“朗读”这个语文要素来说，统编版教材就有清晰的编排序列。以统编版一年级上、下两册的教材为例，课后习题的编排，上册有注意“一”的不同读音的《秋天》，有读准字音的《影子》，有分角色朗读课文，有读好停顿的《雨点儿》；下册有注意读好感叹句的《我多想去看看》，有读好对话的《小公鸡和小鸭子》，有注意读好长句子的《端午粽》，有分角色朗读课文的《动物王国开大会》，有读好对话的《棉花姑娘》，有分角色演一演的《小壁虎借尾巴》。

“读好对话”在一年级下册的教材中就安排了多次训练。如《小公鸡和小鸭子》要求“读好小公鸡和小鸭子的对话”，《动物王国开大会》要求“分角色朗读课文”，《棉花姑娘》课后要求“读好课文中的对话”，《小壁虎借尾巴》要求“分角色演一演”。从读好对话到分角色表演，要求逐步提升。

纵观教材，列个表就一目了然了。

语文要素	一年级上册	一年级下册
朗读	注意“一”的不同读音	读好感叹句
	读准字音	读好长句子
	读好句子间的停顿	读好对话
	分角色朗读课文	分角色朗读课文
		分角色演一演

是不是课后习题有安排的朗读要制订相应目标，其他课文就没有“朗读”的目标?不是的，课后练习明确指出朗读教学目标的只有9篇，一年级上、下册除拼音与识字单元外，还有26篇也有“朗读”的目标，它藏在《教师教学用书》中。比如：《动物王国开大会》的疑问句、祈使句的教学目标——“读出疑问句和祈使句”的语气。《明天去远足》关注轻声的读法，关注短语朗读，关注语气词“唉”的朗读，关注问句的朗读等。它们虽然都是有关朗读的目标，但要求又各不相同并有所侧重，呈现出循序渐进、螺旋上升的编排体系。

是不是一个朗读的目标要求，只有一次编排呢?不是的，比如注意“一”的不同读音在上册的《秋天》第一次明确提出，也出现在上、下两册的《教师教学用书》中，还有上册第7课《大小多少》，下册第6课《树和喜鹊》、第9课《夜色》、第10课《端午粽》。“读好长句子”是下册的朗读的教学目标，在下册《端午粽》首次要求，还有第2课《我多想去看看》、第3课《一个接一个》、第4课《四个太阳》、第9课《夜色》、第11课《彩虹》。从能力形成规律看，美国的心理学家斯金纳认为，行为之所以发生变化，是由于强化作用的结果，人的学习是否成立关键在于强化。因此，在一定时间范围内反复进行专项训练，不断强化刺激反应，对于知识结构、行为能力的内化、固化和形成是有极大意义的。

再拿“讲故事”这个语文要素来说，统编教科书二年级上、下册课文49篇安排了15次的“讲故事”练习，根据课后习题讲故事使用支架式设计，有图画式的《小蝌蚪找妈妈》、图文式的《风娃娃》、图表式的《羿射九日》、纲要式的《大禹治水》、关键词支点式的《玲玲的画》、重点句为支点的《难忘的泼水节》、导图式《蜘蛛开店》、泡泡式的《开满鲜花的小路》。虽然“讲故事”没有系统、明确的要求，但我们可以从教材中相应课文的习题架构，联系“讲故事”的意义本身，发现其与2011年版课标及教科书编写意图形成的高度一致的学习目标。

凭借支架，化整为零；检索重要信息，从而串联信息，整体感知，这是读讲统整的目标。凭借朗读目标——“学习用普通话正确、流利、有感情地朗读课文”“重视朗读和默读、朗读要提倡自然，摒弃矫揉造作的腔调”，达到融入角色，理解内容，再转化为自然讲述的姿态，同时，还可以配搭适切得体的动作，让讲述生动。凭借积累——“在阅读中积累词语”“积累运用”，达到运用新鲜词汇，让表达更准确生动。整体感知，情感朗读和积累运用让“讲故事”的训练逐步达到“抓住要点，整体表达；进入角色，有讲故事的语气；运用语料，让口语尽量丰富生动表现出表达的自信心，态度自然大方、有礼貌”等目标。

（四）基于单元主题，确定人文目标

统编版教科书围绕“人文主题”和“语文要素”双线组织单元，在制订人文目标时要根据“人文主题”来确定。比如统编版三年级下册第六单元围绕“多彩童年”主题编排了《童年的水墨画》《剃头大师》《肥皂泡》《我不能失信》4篇课文。《教师教学用书》是这样制订它们的教学目标的。

《童年的水墨画》教学目标：

1. 认识“墨、染”等6个字，会写“墨、染”等11个字，会写“水墨画、垂柳”等13个词语。

2. 能有感情地朗读课文。能运用多种方法理解难懂的诗句。背诵《溪边》。

3. 能说出在溪边、江上和林中分别看到的画面。

《剃头大师》教学目标：

1. 认识“剃、执”等10个生字，会写“表、胆”等12个字，会写“大师、表弟”等18个词语，理解“剃头大师、害人精”等词语的意思。

2. 默读课文，能说出老剃头师傅和“我”剃头过程的不同。

3. 能运用多种方法理解难懂的句子。

4. 能说出课文以“剃头大师”为题的理由。

《肥皂泡》教学目标：

1. 认识“廊、若”等8个生字，读准多音字“和”，会写“皂、廊”等12个字，会写“肥皂泡、种类”等12个词语。

2. 有感情地朗读课文，能说清楚吹肥皂泡的过程。

3. 能用联系生活实际等多种方法理解难懂的句子。

4. 体会作者由肥皂泡产生的丰富想象，并能发挥想象说出肥皂泡还有哪些去处。

《教师教学用书》中，前三篇课文的教学目标都没有人文目标，只有《我不能失信》中的第二个教学目标中有人文目标的要求“体会并学习人物诚实守信的可贵品质。”根据2011版课程标准对第二学段教学目标的要求“初步感受作品中生动的形象和优美语言，关心作品中人物的命运和喜怒哀乐，与他人交流自己的阅读感受”，第二学段的学生可以初步体会课文所表达的情感从而受到教育。

虽然都是同一个人文主题，但由于课文不同，制订的人文目标也有不同。《童年的水墨画》体会童年生活多姿多彩、自由自在的无穷乐趣；《剃头大师》感受童年生活的纯真与趣味；《肥皂泡》感悟作者内心的欢愉，以及对美好生活充满希望的情感。每一篇课文都要涉及的识字写字学习新词的教学常规目标，可以不写，这样就把三课的教学目标调整如下。

《童年的水墨画》教学目标：

1. 能有感情地朗读课文，背诵《溪边》。

2. 能运用多种方法理解难懂的诗句，能说出在溪边、江上和林中分别看到的画面。体会童年生活多姿多彩、自由自在的无穷乐趣。

《剃头大师》教学目标：

1. 默读课文，能说出老剃头师傅和“我”剃头过程的不同。

2. 能说出课文以“剃头大师”为题的理由。能运用多种方法理解难懂的句子。感受童年生活的纯真与趣味。

《肥皂泡》教学目标：

1. 有感情地朗读课文，能说清楚吹肥皂泡的过程。

2. 能用联系生活实际等多种方法理解难懂的句子。感悟作者内心的欢愉，以及对美好生活充满希望的情感。

3. 体会作者由肥皂泡产生的丰富想象，并能发挥想象说出肥皂泡还有哪些去处。

人文目标注重语文学习的文学熏陶、文化价值、审美教育、情感培养、人格完善，注重人的个性的发展、情感的和谐、环境的熏陶、内心的体验。

简明的教学目标关注学段、关注文本、关注语文要素、关注单元主题，多角度制订切实可行的教学目标，从真正意义上实现语文课程工具性和人文性的统一，实现涵养语文品质，促升语文素养。

三、教学适切内容的选取

在语文阅读教学中，教师对教学内容的选择和讲解是保证学生学习质量的关键。教学内容的确定是所有教学活动的起点，“教什么”比“怎么教”更重要，对任何一篇课文的学习，教师对教学内容的选择都直接关系学生对课文脉络的整体把握，关系学生对课文内容的理解。因此，要想提升学生的阅读能力，教师就要精心选择适切教学内容，只有这样，才能更好地围绕教学内容开展教学工作，提升学生阅读能力和语文素养。

（一）依据课程标准，选取适切教学内容

语文课程标准对语文学科的课程性质、课程目标、课程教学要求等作了明确的规定，是语文教师正确地理解教材、把握教学方向、确定教学内容，从而提高教学质量的行为准则。

2011 年版课标对语文课程的性质作了明确的表述：“工具性与人文性的统一，是语文课程的基本特点。”这对语文教学内容的确定是有指导意义的。语文课程标准肯定了语文课程的“工具性”，认为“语文是最重要的交际工具”，因此，教语文的重要目的是通过语文学习，使学生获得一种语文学习、交际的能力。语文课本是语言的载体，也是语言表达的成果，语文教师在进行教学设计时，应把语言学习作为教学的重要内容，也就是注重“字、词、句、篇、语、修、逻、文”的学习，注重听、说、读、写等语文能力的培养。

语文课程的“人文性”就是通过语文教育实现社会规范与人的尊严、价值的教育，个性、理想、信念、品德、情操的统一，从而领悟人文精神。因此，语文教学要重视感受、品味、领悟，重视熏陶感染，实施人文教育，使学生形成正确的情感态度、价值观。工具性与人文性在促进人的全面发展的过程当中应该是统一的，工具性着眼于语言的运用与实践；人文性着眼于人

的存在与发展，因此，教师在确定教学内容时，不能只重视知识的积累，也应重视学生的情感、价值观的教育，基本要求是在落实双基的过程中形成正确的价值取向。

教学内容应遵从语文课程目标的引领，语文课程目标是语文教学活动的出发点和归宿，指引着语文教学活动的方向。教师处理教材，确定教学内容，都要以课程目标为指南，从而使教学活动的实施符合实现课程目标的需要。《义务教育语文课程标准》在“课程目标”部分列出了10条总目标。这些目标可以概括为三个方面：一是培养学生正确的理解和运用祖国语言文字的能力；二是训练学生的思维能力，发展他们的智力；三是渗透思想品德、审美情趣的教育，形成健全人格。语文教师要在课程目标的引领下定位一篇课文、一节课的教学目标，并围绕具体的目标确定具体的教学内容。语文课程目标是语文教学活动的向导，遵从语文课程目标的引领，确定语文教学内容，才能克服语文教学的随意性和教学内容的泛化。

（二）结合编者意图，选取适切教学内容

确定语文教学内容要参照语文教材的编者意图。教师只有把握好教材编写意图，知道文学作品在教材中的定位，在处理教材时才不至于停留在一般的阅读层面，才能深入教材的教学层面，设计出适切的教学内容。教师进行教学设计时，要站在整个单元、整册教材，甚至整套教材的高度，揣摩编者的用心，领会编者的意图，挖掘教材的育人功能，实现语文课程的育人目标。

语文教材是以文本形式构成的教学内容的载体，它以特定的结构方式呈现教材编者对“教什么”和“学什么”的构想与设计。这种构想与设计表现为编者根据特定年龄阶段学生的心理特点，根据新课标的要求，对作品进行的一次“再创作”。“编者意图”在小学语文教材中主要体现在：课文的选择与改编；“泡泡语”的内容；课后练习；课文中的插图。

语文教材每篇课文的后面都附带一些思考题目，这些题目是编者在编写教材的过程中将课文中的重点内容进行融合、压缩后设计出来的，因此具有很强的代表性和针对性。这些题目的出发点具有多元化特征，有利于培养学生的发散思维。有的出发点是从宏观的角度进行设计的，学生如果能够做出这类题目，就能从更加宽泛的角度去理解全文；有的出发点是从课文细节进行设计的，学生要想完成这些题目，必须在深入把握全文内容的基础上，深

入揣摩课文中的细节，只有这样，才能提升对课文的认识。因此，在教学过程中，教师可以充分利用课后习题选择教学内容，针对性地开展相关的教学活动。

（三）关注文体特征，选取适切教学内容

确定语文教学内容，必须重视语文教材文本。文体是指一定的话语秩序所形成的文本体式，作者独特的情感、性格、精神风貌等构成了文本的内涵。因此，解读文本，深入理解课文，确定语文教学内容，必须关注文本体式的特征。

语文教材主要是由各种体式的文学作品构成。这些文学作品的体式包括小说、诗歌、散文、神话、戏剧、寓言等。在进行教学设计时，我们要根据文章的体式特征确定教学内容。小说体式特点是由人物、情节、环境三大基本构成要素。小说教学的主要目的是让学生了解小说的文体常识，丰富学生对社会、人生的体验，提高学生的鉴赏和写作能力。小说的教学要关注其构成的基本要素，逐步引导学生分析人物形象，分析小说情节，分析典型环境，使学生在分析过程中积累知识、体验情感、培养能力。诗歌讲究韵律，富有音乐性，它饱含情感，富于想象，语言凝练，结构跳跃。诗歌的教学，要指导学生诵读，分析、探讨诗歌的意境，体会表达诗歌的情感。总之，不同体式的文章其教学内容有不同的侧重点，教师在设计语文教学内容时，应充分考虑文章的体式特点，结合文体特点设计出适切的教学内容。

（四）了解学生学情，选取适切教学内容

不同学段、不同层次的学生，认知基础是不一样的，学生的心理特点和发展规律，也是确定语文教学内容要考虑的因素。兴趣是学生学习的动力，对学生学习具有推动作用，学生一旦对所学内容产生浓厚的兴趣，就会积极主动地参与到学习活动中来，进而提高学习效率和学习质量。因此，在教学内容的选择与确定过程中，教师不妨将学生对某一知识的兴趣融合进来，根据学生的兴趣去选择，让学生在学习过程中更好地围绕自己的兴趣展开学习，这对学生能力的提升会有很大的促进作用。阅读教学课可以让学生模仿课文录音有感情地朗读课文，作文教学课可以让学生模仿节目主持人介绍自己的作文，这样更能激发学生学习的兴趣。学生已经具备一定的知识积累和理解能力后，这时的学习内容就不能仅停留在要学生知道“是什么”的层面，还要学生在一定程度上明白“为什么”。这样做能让学生更深层次地理解课文，锻炼学生的思维能力。教师对学生心理特点和发展规律有一个清楚的认识，才能确定贴近学生生活、让学生易于接受的教学内容。

教学内容选择也要符合学生发展的需求。语文教学内容的确定，要与学生的实际需要相契合，教师要树立学生是学习主体的意识，在教学设计时以学生需求、学生发展为本，不仅要提高学生的语文知识，锻炼学生的语文能力，还要关注学生言语智慧、审美情趣、价值情操的提升。由于学生个体之间存在着知识结构、思维习惯、学习能力等的差异，所以教师确定教学内容时，既要满足学生的共同需求，又要关注学生个性发展的需要。语文教学的最终目标在于发展学生的言语能力，陶冶学生的心灵，培养学生的语文素养。语文教学是为学生的发展服务的，确定的语文教学内容应满足学生发展的需求，学生的实际情况应是开展语文教学活动的起点，确定语文教学适切内容应关注学生、了解学情。

四、教学精妙策略的设计

语文教材每一篇课文都是文质兼美的文章，在教学中如果都用一成不变的教学步骤，千篇一律的教学方法，必然会让学生乏味、厌学，使课堂沉闷、低效。简雅语文要求教师根据学生年龄，根据不同的教材特点，设计不同形式的教学策略，教学策略选用得精妙，可以调动学生学习的积极性，让学习变得趣味盎然，从而实现简雅语文“教得巧妙”的目标。下面列举五种精妙的教学策略设计，悬念式、镜头式、多角度式、资料式、图解式。

策略一：悬念式

《与象共舞》的前4个自然段都是写人与大象的关系密切、和谐相处，最后的第5自然段才写到和大象一齐跳舞，所以这一课就可以用悬念式的策略引导学生学习。

师：课题《与象共舞》是什么意思？

生：与大象一起跳舞。

师：《与象共舞》如果让你来写，会写些什么呢？

生：写与象跳舞的原因，怎么与象跳舞，结果怎样。其中与象跳舞的过程要详细写。

师：那么大家找找看，课文哪些自然段写与象跳舞呢?

生：只有第5自然段。

师：怎么回事？全文只有第5自然段写与大象跳舞，是不是跑题了呢?

这一问题的提出，激发了学生学习的积极性。师生共同学习第5自然段。句子一："跳舞的大象，没有一点儿笨重的感觉，它们随着音乐的节奏摇头晃脑，踮脚抬腿，前后左右颤动着身子，长长的鼻子在空中挥舞。"学习中发现这只大象极有灵气，善于跳舞。句子二："表演的尾声，也是最高潮，在欢乐的音乐声中，象群翩翩起舞，舞之蹈之，热烈的气氛感染了在场的每一个人。"理解重点词"拥"——像潮水一般涌进去，这样一种迫不及待，正是对大象的信任、喜爱，与大象的关系和谐、亲密、融洽。

这时学生才弄懂了，原来"与象共舞"的主要意思不是与象一起跳舞，而是和象亲密无间、和谐相处的关系。接下去进行题型扩展：有一个字入题的——与龙共舞、与鲨共舞、与雪共舞、与墙共舞；有两个字入题的——与肖邦共舞、与风筝共舞、与压力共舞、与飞碟共舞；有三个字入题的——与世界杯共舞、与奥运会共舞、与《红楼梦》共舞等。最后得出结论：不论与谁共舞，都写出了人与人、人对自然的一种渴望，那就是亲密无间、和谐相处。

策略二：镜头式

《冬阳·童年·骆驼队》围绕着骆驼队，写了怎样看骆驼咀嚼，怎样和爸爸谈关于骆驼脖子上挂铃铛的事，怎样想象为骆驼剪垂在肚子底下的毛，怎样好奇地问夏天骆驼到哪儿去了。这些看似小小的却很有童趣的事，像一个一个的镜头，随着作者娓娓的叙述，展现在读者的面前。下面以"学咀嚼"这个段落，采用电影中的"慢镜头"的方法进行教学，感受那种缓缓回忆，款款书写的情感基调和语言风格。

先出示段落，让学生读，找出有趣的地方在哪里。学生找出了三个"那样"的与众不同，找出在英子眼里极可爱的骆驼外形的句子，出示图片让学生观察骆驼外形。这句话去掉两个"那样"，语言的内容没变，但语言的节奏变快了，没有了那种缓缓的、默默的、慢慢的感觉。然后，对比"磨"与"磨来磨去"，通过朗读感受语言的舒缓、从容。接着，抓"呆"字，把镜头放慢，老师朗读，学生想象画面，最后播放电影《城南旧事》中英子学看骆驼咀嚼的片段，并配上《踏青去》的背景音乐，学生投入地朗读，诗意就在课堂中缓缓流淌，美不胜收。

策略三：多角度式

《夜莺的歌声》是一篇反映苏联卫国战争的作品，文章篇幅很长，故事性强，如何引导学生独立阅读课文，把握课文的重要内容，抓住含义深刻的句子，体会小夜莺的机智勇敢，做到长文短教呢？给学生提供阅读的角度，指导学生学这类文章显得尤为重要。

角度一：用“诱、带、传”这三个字说说故事的主要情节，在这三个字的后面再填上一个字，补充故事的结局。这个阅读的角度放在复习课的环节中，抓住情节发展的线索，复习故事情节，整体把握课文内容。

角度二：抓住五次“夜莺的歌声”，复习歌声的不同含义。文章以“夜莺的歌声”为题，这本身就是一条重要的线索，“小夜莺”的歌声自始至终贯穿着整篇课文，危险中充满勇敢镇定，紧急中充满智慧机警，从这个角度阅读，一个勇敢机智的小英雄形象就出现在面前。

角度三：画出每一个章节中表示地点的语句，品读两段详细的环境描写，在品、说、读、议中明白环境描写中蕴藏着的感情。这一“循地点”的角度，让学生懂得环境描写不是随便写的，不是与主题无关的，而是境随心动，景由情发。

角度四：找小夜莺的语言，指导学生写批注。示范“那是个白桦树皮做的口哨”的批注：看似平常的口哨，却藏着大秘密，它就是枪，它就是炮，它就是一支军队。通过学生自读自悟，为小夜莺的五句对话写批语，再交流，一个充满智慧、机智、勇敢、沉着镇静的小夜莺再次立在学生心中，敬佩之情油然而生。

多角度式的教学使长文短教变得实实在在，这种阅读的策略可以内化，可以迁移到阅读别的文字作品上，使学生终身受益。

策略四：资料式

21 世纪是信息爆炸的时代，谁能快速获取自己需要的信息，谁就能取得成功。在我们的语文课堂，查找资料、选取对课文有用的信息能帮助我们更深入地理解课文，所以指导学生查找有用资料并形成能力，成为广大教师的责任。

古诗词在小学语文教材中占有一定的比例，古诗词距离我们年代久远，学习古诗词时查找有关资料理解诗句是一条必走之路。

比如学习《游山西村》，我们可以先帮学生找出与《游山西村》有关的16项资料，出示在多媒体屏幕上，并告诉学生信息资料无边无际，能快速选择有用的资料不仅是一种很强的学习能力，以后可能还能成为生活能力。让学生比较16项资料，选择对《游山西村》这课有用的资料，当学生选择发生偏差时进行指导。最后选定“写作背景”和“腊酒及其制作”两项资料，点击这两项资料了解，明白了陆游写这首诗时正受到诬陷，罢官免职，情绪低落；了解到腊酒制定工序繁多，极为不易。选择资料是为后面理解诗歌意思、领悟诗歌情感埋下伏笔。从腊酒制作工序繁多，体会到村民招待、挽留客人的盛情，这使陆游大受感动，生活处处有美景，生活处处有真情。“山重水复疑无路，柳暗花明又一村”的教学，虽然还要用换意象比较、想象写话、互文拓展、内化升华等策略，但联系背景运用也起很大作用，使学生对这两句充满人生哲理、生命智慧的语言的理解水到渠成，学生甚至从课内走向课外，从文中走向生活，懂得在生活中遇到小困难、小挫折不足为虑，要永远对生活充满信心——柳暗花明又一村。

策略五：图解式

小学语文教材中很多以自然科学为题材的文章，如《蛇与庄稼》《蝙蝠与雷达》，甚至一些文章的写作方法都可用图解式的教学，使学生一目了然。

如五年级下册的略读课文《刷子李》，作者从一个小徒弟的视角印证了“刷子李的真功夫”。起初，徒弟是“半信半疑”，但大半天下来，居然连一个芝麻大的粉点也没发现，他真觉得这身黑色的衣服有种神圣不可侵犯的威严。正当徒弟对师傅佩服得五体投地时，却突然发现“刷子李”裤子上有一个白点：师傅那如山般的形象轰然倒去。不料“刷子李”最后揭开谜底：那白点原来是黑裤烧了个小洞造成的！一波三折的叙事，使“刷子李”的“奇”得到了一次次的渲染，紧紧抓住了读者，起到了引人入胜的艺术效果。

高年级的略读课文教学，领悟表达方法是一个重要学习目标，要全面准确地落实，而这一课“一波三折”的叙事方法让人叫绝，是文本的“秘妙”，所以要成为教学的重点。默读课文，画出刷子李“奇”的地方，学生找出了五句话，通过交流得出效果奇、规矩奇、动作奇等。在这些句子中，有一句最了得——“最让人叫绝的，他刷浆时必穿一身黑，干完活，身上绝没有一个白点。”你信吗？曹小三也是半信半疑，自然过渡到默读 5—10 自然段，用笔画出曹小三看到的句子，每句子中都有一个词透露曹小三的感受。学生找到写在黑板上：果然、悠然、竟然、忽然、奇了、发愣、发怔。请用图示画出曹小三的心理感受，交流学生图解。

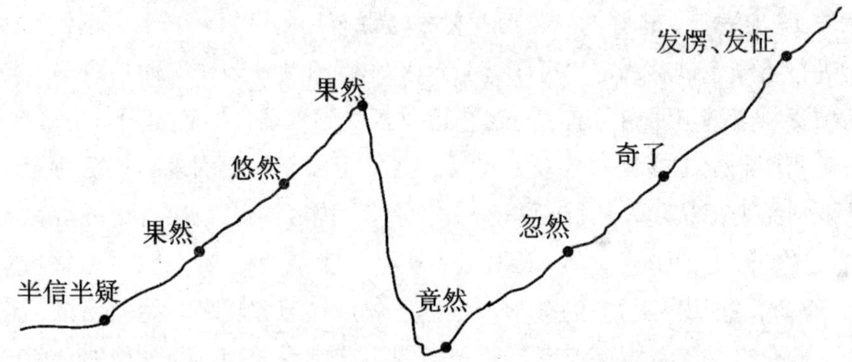

这时，探究作者为什么这样写。出示：一波三折讲故事，文似看山不喜平。告诉学生一波三折的妙用。拓展环节出示四个作文题：①一次难忘的秋游；②友谊；③我爱弹钢琴；④记一场________比赛。你能也用上一波三折的方法，列作文提纲来谈谈吗？学生这时已经从感受、分析、积累到迁移“一波三折”的秘妙，转化为“语用”。

第二节 雅致的教学实施

掬水月在手，弄花香满衣。（唐·于良史）

一、教学节奏的错落有致

我国古代的《礼乐记》中说：“节奏，谓或作或止。作则奏之，止则节之。”简雅课堂的教学节奏，就是教学各要素相互作用、互相渗透所产生的有秩序、有规则、有节拍的合乎语文教学规律和富有美感的变化和运动。

简雅课堂的教学节奏具有多种多样的表现形式。抑扬顿挫、起承转合、动静相生、张弛有度、虚实相映、疏密有致、融会贯通等等。教学既是科学，又是艺术，教学节奏就是调谐艺术，让学生神游于错落有致、和谐相融的简雅课堂的艺术之境，欲罢不能。

（一）教学语言抑扬顿挫的音韵美

苏霍姆林斯基曾说：“教师讲话带有审美色彩，这是一把最精致的钥匙，它不仅开发情绪的记忆，而且深入大脑最隐蔽的角落。”可见美的教学语言对学生的影响。教师的教学语言要表达准确、恰当生动，创设与课文情感相吻合的课堂气氛，充分运用比喻、拟人、摹状、夸张等语言的表现形式，充分发挥语言的功能，调动学生的直觉思维，发展学生的想象力和创造力，使学生产生与语文课堂一致的情绪、情感。同时附以自然亲切的肢体语言、规范得体的动作、优美和谐的手势、丰富有趣的表情，更重要的是语音的高低、语速的缓急、语调的轻重，高低结合，轻重交替，缓急交错。这种抑扬顿挫、富有音韵美的教学语言使教学具有鲜明的节奏，从而加深对知识的理解和掌握。如在教学王冕的《墨梅》这首诗时，要理解王冕的画梅的努力、坚持和刻苦，教师链接了王羲之的洗砚池资料，通过师问生答的形式，明确了王冕学画的志向。为什么王冕要把梅花种在洗砚池边？王冕姓什么？（王）王羲之姓什么？（王）王冕家有什么？（洗砚池）王羲之家有什么？（洗砚池）王羲之洗砚池说明了什么？（王冕也要像王羲之一样勤奋刻苦）练书法、练画画很枯燥、很苦，不好玩。好玩的是——“忙趁东风放纸鸢”（师出示诗句）；好玩的是——“儿童疾走追黄蝶”；好玩的是——“意欲捕鸣蝉”；好玩的是——“偷采白莲回”；好玩的是——“蓬头稚子学垂纶”。这时，洗砚池会对王冕说什么？

在这个环节中，教师语言简练，步步为营。在诗意对话中，学生不但明白了王羲之的洗砚池知识，同时复习学过的5首写儿童生活的古诗，弄懂了“池边树”的深刻意涵。

（二）教学环节动静相生的变化美

所谓“动”，是指教学的活动中的活泼状态，主要表现在师生共同对教学的积极参与，如教师生动形象的讲解，学生积极踊跃的发言；所谓“静”，指教学过程是相对安静的状态，如学生静心听课，深入思考。这种状态表面上看来鸦雀无声，舒缓平静，实际是上一种“外静内动，静中有动”的状态，静的下面是学生思维的跃动。因此，教学中的动，也是动中有静，教师生动的讲解背后有学生的静思默想。语文教学中的各个环节，是连结课堂教学结构的纽带，教师在安排教学环节时，要精于设计，巧于安排，通过动静相生的策略，使教学产生一种变化美。学生在有动有静、动静结合的环节中学习，能够快速准确地掌握知识，加深对所学内容的理解，从而提高学习效率。

如统编版二年级上册《妈妈睡了》，在教学含“的”字的短语时，老师设计了三个环节：品味短语、聚焦短语、运用短语。品味短语，先让学生圈出写妈妈美丽的短语，把短语读正确后再读课文。感受妈妈的美丽，出示不同眼睛样子的图片，练说“（　　）的眼睛”，再用“（　　）的（　　）”说脸上其他五官，最后出现图片及段落，学生完成填空：“那个女孩真可爱。（　　）扎成了两个小辫子，（　　）含着笑，引人注目的还有她那（　　）。”品味短语，动手、动口；聚焦短语，静思默想后表达；运用短语，先想再填。教师步步深入地细致指导，使教学在“动”与“静”交替中有节奏地行进。

（三）教学过程起承转合的流畅美

“起承转合”是古人关于诗文写作结构章法方面的术语。“起”是起因，文章的开头；“承”是事件的过程；“转”是转折；“合”是对该事件的议论，是结尾。起承转合之间的关系是首尾呼应关系，而“承”与“转”皆兼顾“起合”。所以，四者之间互相依存，互为作用。

教学过程中的起承转合，“起”即课堂的起始阶段，即一节课的序幕或序曲，需要教师在较短的时间里，用简洁明快的语言，浓缩精练的温故，开门见山的释题，精巧绝妙的质疑，短小生动的故事，来激发学生的学习兴趣，调动他们的学习积极性，起到烘托或点题的作用。“承”即课堂教学的延展阶段，是教师生动教学的开始，在这一时段，学生的大脑处于较为积极的兴奋状态，因而教师要加大密度，增大强度，使学生集中注意力，进入紧张的学习活动。“转”意味着一节课中难点、重点问题的解决。此时学生的思维最为活跃，情绪最为高涨，富有创造的激情，对于教师教学的反应是敏感而强烈的，因而教师更要不失时机地抓住学习的机会。“合”既可以是对本节课内容的巩固，亦可为新的教学内容埋下伏笔。或简洁扼要概括式，或意犹未尽悬念式，或情绪激昂激励式，教学则可由密转疏，由快变慢，在舒缓松弛中结课。

根据教学过程的“起承转合”的精心设计，使课堂教学节奏自始至终在发生变化，“起、合”时当缓则缓，“承、转”时当急则急，其中又穿插些细节变化，首尾呼应，一脉相承。教师深谙化缓为急以及化急为缓的教学技巧，使课堂教学的节奏张弛有度，疏密相间，呈现出一种行云流水的流畅美。

（四）教学整体融会贯通的和谐美

海森伯说“美是各部分之间以及各部分与整体之间固有的和谐”，美即整体的和谐。课堂教学节奏艺术追求的是整体和谐美，因此不应仅关注某些环节，还应综合考虑、全面安排教学的节奏，使各构成要素搭配合理，穿插得体，融会贯通。像导语、过渡语、小结等，都要注意运用节奏来增强教学的艺术魅力。应根据学生的年龄特点设计教学的疏密，疏处可以跑马，密处不容插针。教学节奏融会贯通的和谐美，使得整个教学波澜起伏，错落有致，环环相扣，快慢相间，最终达到和谐完美。

二、教学布白的虚实相生

在一张白纸的中心勾点寥寥数笔，一条极生动的鱼就跃然纸上，其他别无所有，空白部分却使人如入烟波浩淼之境。鱼自实出，水以虚生，虚实结合，这就是中国传统国画艺术的“布白”。布白是在艺术创作中为了更充分地表现主题而有意识地留出“空白”，它是艺术的表现手法之一。从“空白”与“物象”的关系看，“空白”是虚，“物象”是实，虚与实辩证地统一于艺术品中。使艺术品虚实相映，形神兼备，从而达到“无画处皆成妙境”的艺术境界，给人以启迪和美的享受。

简雅课堂教学中的布白，是利用其他艺术形式的布白艺术，启迪学生的思维，激发学生的求知欲，引起学生的联想和想象。其主旨就是要部分地“去控制”，还学习者自主学习的权利，让学生在学习中保持闲暇的心态，这种闲暇的心态使得学习不至于过分压抑，让学习散发出充满着生命光泽的幽微馨香。

（一）教学内容的布白——画龙点睛式

教学内容上的布白是根据学生的最近发展区设置的，指教师在帮助学生回顾已有知识经验、扫清障碍、作好铺垫、唤起联想的基础上，让学生自己找出重点，概括规律，得出结论。即“龙”由教师画，“睛”留给学生点。根据格式塔心理学，人们在面对一种不完满或有空白的刺激物时，会不自觉地产生一种填补“空缺”，使之完满的趋向，从而倾向于知觉到、经验到完美的格式塔完形整体。教师不讲的“睛”并不是对知识的舍弃，而是一种欲擒故纵的手法，起到了吊学生胃口，引起一种进取追求的充满紧张感的内驱力，激发学生强烈的求知欲的作用。

简雅课堂中的布白，就是让学生利用这种内驱力积极主动地去填补和完善所知觉到的非完形的刺激，激发学生的思考和探索，使教学趋于完善和完满。

（二）教学语言布白——蓄意停顿式

蓄意停顿式布白教学语言，一是利用语言的停顿，讲究语言的变化和节奏。一节课，教师若用同一语调一讲到底，很容易让学生的大脑皮层进入抑制状态。教学语言应或高昂，或低沉，或激越，或舒缓，其节奏要时重时轻、时缓时急，抑扬顿挫，有板有眼。教师利用蓄意停顿，在分析和解决疑难问题时，讲到一定程度戛然而止，故意给学生留一小段时间。这种暂时性的语言空白，给学生以思考、想象、回味的空间，便于进一步“教”和“学”顺利进行。

二是教师在教学中为创造某种意境，引起学生的联想，结合手势、眼神等体态语言，创设“大音希声”的美学境界，在教学中为使学生理解教师难以充分表达的意境，不妨以“空白”来代替，使学生充分地展开想象，用想象填补“空白”。例如教学统编版六年级上册的《盼》，体会“我”痴盼的心理活动：看到雨停后，窗外明晃晃玻璃般的马路和像挂满珍珠玛瑙的小杨树的美丽景色，“我”却无动于衷，只是扑到床上，一门心思想象雨点儿要是淋在淡绿色的雨衣上，一定比珍珠玛瑙还好看。这时教师指着板书中“我”的“焦急——兴奋——失落——担心”的一系列心理活动，蓄意停顿：这时“我”的心理活动是什么？学生一脸向往，神情陶醉，完全沉浸在“我”痴痴傻傻、心心念念的“痴盼”的心理活动中。教师没有用言语来表达，而是巧布空白，让学生通过想象，体会人物内心，收到良好的教学效果。

课堂教学中要让学生注意什么，感受什么，联想什么以及表达什么，关键在于教师怎样进行引导。教师应通过突破时空限制的布白，“在有限中求无限”，调节教学节奏的张弛，营造出好的教学气氛。

（三）教学质疑布白——存疑激思式

古人云“学起于思，思起于疑”。问是思的开始，恰当的甚至是巧妙的提问，能启迪学生思维，开拓学生思路，发展学生智力，活跃教学气氛，提高教学质量。孔子曰："不愤不启，不悱不发。""愤""悱"实际上是学生进入积极思维状态前的一种短暂的心理状态上的"空白"，即"心求通而未得之意"和"心欲言而未能之貌"。教师应通过存疑激思式的质疑问难，引导学生进入"愤""悱"状态，使学生能从不同角度、不同方面，运用多种方法去分析问题、解决问题，从而培养学生思维的灵活性，开启学生心智。

问，要留有余地，于学生有疑问之处给予足够的思考时间与空间。美国教育家罗斯指出，教师提问学生时，要善于留出两个重要等待时间，即"第一等待时间"和"第二等待时间"。所谓第一等待时间，是指提问后留给学生思考回答的时间；第二等待时间是学生开始回答之后直到老师或其他学生作出评判的这段时间，这两段时间就是课堂教学存疑激思的布白。

也可采用虚问的方式——"是这样吗"，激起学生急于填补"空白"的欲望，使之成为完善完美的倾向，化虚为实。这种对"完形"结构的追求一旦实现，便给人愉悦的感受。质疑问难，巧布学生心理状态上的"空白"，激发学生对所学知识的兴趣，使学生积极深入地探索和思考。

（四）教学板书布白——余地生辉式

板书是教师施展教学艺术才华的重要天地，板书艺术是教师教学艺术的重要组成部分。布局合理、中心突出、立意新颖、行款讲究的板书是知识的高度凝聚与集中，是教师教学风格的凝练和浓缩。教师应充分利用黑板这块舞台，利用板书含蓄蕴藉、富含张力的特点，根据教学的需要，对板书设计的内容进行艺术处理，使有的内容在板书中体现出来，而有的内容则可通过省略号或留空的方式隐去，形成板面上的"空白"，让学生凭借教师的讲述和自己与文本的对话去领会，去思考，去联想，去完成。如《慈母情深》板书：这是一个________的母亲。学生在学习的过程中渐渐丰满了对母亲的认识——平凡、勤劳、慈祥、善良、刚强、有见识等等，答案是多元的。这样的板书既造成形式上的空白，也造成内容上的空白，给学生提供想象的空间与时间，有余地生辉之美感。

（五）导课结课布白——首尾呼应式

把布白手法运用于导课环节中，符合学生好奇心强、求知欲盛的特点。借助布白导课，从一堂课的开始设置悬念，可以紧紧抓住学生的注意力，激发其学习兴趣，强化学习动机，开启学生思维，达到先声夺人的效果。

结果是一堂具有艺术魅力的好课的“终曲”，课堂教学的结尾也是整堂课的“点睛之笔”，好的结课能给人以美感和艺术上的享受。设置空白，弹好“终曲”，首尾呼应，能收到圆融完美的艺术效果。

如教学统编版三年级上册《总也倒不了的老屋》，在课的伊始，采用质疑式：什么是预测？从哪里可以开始猜？怎么猜？通过一节课的学习，到结课时，课件出示几个快问快答内容：从头猜到尾都要对吗？随便猜是预测吗？猜对有什么好办法？导课时的三个问题这时已经迎刃而解了。首尾呼应，学得扎实、有效，又趣味盎然。

简雅教学布白艺术是按照美的规律进行的独创性的教学实践活动，必然带有审美性特点。这使得教师的教学布白艺术本身成为审美的对象，如教学布白回味无穷的教学意境美，“计白当黑”、虚实相生的教学方法美，疏密相间、布局合理的结构美等。教学布白有效淡化了教育的痕迹，以审美的形式创造出引人入胜的教学情境，使教学本身成为一种艺术的享受。

三、教学意境的超凡脱俗

教学是一门艺术，语文教学尤其要追求简雅效果。要构建语文教学的简雅课堂，就要努力营造极其艺术魅力的“教学意境”。

何谓“教学意境”？意境作为一个概念最早出现于王昌龄的《诗格》中，他指出：“诗有三境……一曰物境……二曰情境……三曰意境……”它首先成为衡量诗歌创作达到最佳艺术境界的重要标准，这一审美逐步扩散到中国的绘画、书法、戏曲、音乐、园林等艺术领域，并成为中国艺术家的终极追求。教学作为一门特殊的艺术也理应以意境的有无作为衡量教学艺术作品品位高低的根本标志。教学意境是指教学过程中师生的主观情思与客观景象相结合而创造出来的情景交融、形神兼备、浑然一体的艺术世界。

（一）清水芙蓉的形态——姿态美

简雅语文课追求如沐春风、意犹未尽的效果，追求“云破月来花弄影”的自然天成之趣，是清水出芙蓉般的姿态美。课堂结构有精彩夺人的导课，引人入胜的高潮，耐人寻味的结课，如“凤头——驼峰——豹尾”般，起得美丽，行之浩荡，结得响亮，课堂教学既绵绵有序，又起伏有致，清新自然。

导课如音乐的定调，第一声就要敲在学生的心上，像磁石一样把学生吸引住。典型的导课技巧有：激情共鸣式、设疑启思式、故事寓理式、游戏引趣式等。好的导课，如高手对弈第一招就为全面胜利铺垫基础，有一石激起千层浪之妙，又如钢琴家演奏，发出的第一个音符就悦耳动听，给人一种激情夺魄的艺术享受。

高潮如同“驼峰”，要有“万马战犹酣”的师生双方思维积极碰撞的状态，或豪迈奔放，或庄严悲壮，或热情洋溢，或富于哲理；均由教师各自的教学风格和文本的情感基调决定。可以有巧布疑阵的悬念式，连环层进的引导式，因势利导的应变式，活跃激烈的辩论式等形式，教师在课堂中要抓准时机，高潮或设在重点难点处，或设在疑问丛生处。

好的结课，有如品尝香茗令人回味再三。教学已随时光去，思绪仍在课中游，如总结升华式，巧置悬念式，拓展生发式，幽默解颐式。结课力求做到首尾呼应，蕴藉隽永，结构臻于完美的课堂教学就如同一朵出水芙蓉，清新自然，超凡脱俗。

（二）飞动流转的气势——动态美

中国古代艺术极注重灵趣飞动的传神美，极力追求舞动飞旋的境界，以显示出艺术的生命形式与情感节律。意境也并非静止的存在，而是一种生生不已的运动着的形式。唐代诗僧皎然在《诗式》中认为，意境是一个逐步开拓的过程，引导欣赏者的思绪向广阔的天地伸展，展现出具有流动感的动态美。教学过程中教学意境的“静止”是相对的，“运动”则是绝对的。教学意境往往呈现出运动的美，教学中的节奏就是教学意境动态美的表现。教学节奏是指教师教学活动的组织富有美感的节律性变化。节奏之于意境，如同脉搏之于人体，意境没有节奏，将缺乏盎然的生机与勃发的气息，同样也由于教学节奏的存在，才使得教学意境的创造成为动态过程中呈现出一种起伏发展的流动性。优秀的教师常常依据具体的教学内容运用轻重缓急、动静相生、疏密相间、抑扬顿挫等艺术手法，使教学艺术品的意境有起有落、回旋往复，一种韵律之美、流动之美由此而生，它将学生引入波澜起伏的教学意境之中。这种审美活动的教学中美的动态是可以感知的，展示着轻松和愉悦。教学是一种生命形式，是生命的写照，教学意境应犹如落墨为蝇，展现出灵趣飞动的美。

（三）情境悠长的意蕴——情感美

情感是艺术生命的灵魂，缺乏情感的艺术势必毫无生气。一切意境的构成也必须以情感为基础，因为意境是变化的，交融会合着创作者与欣赏者浓郁的情思。这种情感既真且美，“全是自家胸臆流出”。情真意挚的感情投入，能得到欣赏者的感情呼应，创造者由情而发，欣赏者以意而会，情感合拍，美感顿生。因此，王国维在《人间词话》中说：“故能写真景物、真感情者，谓之有境界。否则谓之无境界。”而“情”又需以“景”为媒介、载体，方可使欣赏者进入神与物游的境界。

教学意境的效用之一就是以情感人，以美育人。情感是教学的灵魂，一堂好课不能没有师生的情感投入，一首动听的歌曲，一幅美丽的图画，一首清新的小诗，一个曲折的故事，一场精彩的辩论，一段感人的演讲，都能掀起学生情感的波澜，使学生在课堂这一特定的时空领域，超越主客对立，进入“物我两忘”的审美境界。尤其新课程将“情感”上升为教学目标后，教师在教学中会更加注重情感的激发、渲染与陶冶，从而有更多“情”与“景”的结合。教学意境中纯洁、真挚的情感是一种高尚情操的表现，是一种美德，情感是教学意境的基本条件，“情景交融”是教学意境的真实写照。

于漪老师可谓“用心于感情的激荡”的高手，她以其饱满充沛的情感、坦荡磊落的胸怀，创造出了雄浑壮阔的教学意境。学生的感情在她的感情激荡下，不断掀起波澜，对教学内容的理解随着感情的迭起而走向深入。

（四）圆融通达的和谐——整体美

成功的艺术作品是以整体和谐之美感染欣赏者，而非依靠局部因素获得审美效果，艺术的美感和生命力来自于有机整体。因此，列夫·托尔斯泰指出：“当作品具有这种严整性和有机性时，形式上最小的一点变动都会损害整部作品的意义。”比如，演奏卓绝的交响乐，决不允许任何一种乐音跑调，必须纳入统一的调式之中，以确保乐曲意境的和谐完美。意象是构成意境的基础和材料，有意象的作品不一定有意境，而有意境的作品必有意象，孤立看任何一个意象并无丰富内涵，但我们按一定目的将不同意象补充连缀将产生一种新质，从而构成一个充满生命律动的整体动态艺术结构。成功的教学艺术作品只有一个整体意境，它也是由许多意象组成的。

教学意境只有作为整体才能打动人的心灵，我们应当营造完美的整体风韵，在圆融整体美的教学意境中，使学生获得完满的审美感受，使教学的整体意境得以构建。字字珠玑的教学语言、简洁明快的教学板书、格调高雅的教学状态、和谐共振的教学氛围、富蕴情感的教学内容等成为教学意境结构的最基本元素，并有机组成一串教学意象链，构成一个相对完整的开放系统。如若教学意境诸要素处于各行其是的游离状态，或者组成一个彼此冲突的结构，就难以造就教学意境美的整体效果，也将势必削弱教学的整体效应。具有圆融通达整体美的教学意境将产生出神奇的综合艺术魅力，在学生心灵深处产生强烈的审美感受，让学生流连忘返，神思飞扬。

四、教学诗性的疏朗飘逸

“诗性”一词出自意大利著名学者杨巴蒂塔维柯的《新科学》，朱光潜说，一切艺术都可以叫做诗，所以从广义来说，诗性是着眼于艺术美及其与存在的关系，是敏锐的感觉、丰富的想象、独特的创造和高尚的审美综合而成的。教师所从事的是“不可能踏进同一条河流”的非重复性劳动，面对不同的教学课堂，教师不仅要以逻辑的、理性的、线性的思维方式精心地预设教学，更要以非逻辑的、非理性的、弹性的方式去生成教学，还要有敏锐的感觉、丰富的想象、独特的创造和高尚的审美去提升教学。简雅的诗性课堂就是充溢着温度与趣味的课堂，是高扬人性的教学，是师生生命的相互激荡。

（一）发掘汉语的诗性优势

著名学者刘士林先生指出：“中国文化的本体是诗，其精神方式是诗学，其文化基因库是《诗经》，其精神峰顶是唐诗。”一言以蔽之，中国文化是诗性文化。或者说，诗这一精神方式渗透、积淀在中国传统社会的政治、经济、科学、艺术各个门类中。中国文化带有强烈的诗性特征，这不仅仅因为诗性文化在中国传统文化中有着较成熟的发育，也是由于诗性思维是中国古代思想家的哲人重要的思维方式，中国文化的诗性特征极大地影响了本土教学文化的发育，教学的诗性活力以极大的人文优势，为我国传统教学增添了无尽的韵味，也造就了春秋诸子百家的诗性哲学思想、唐诗宋词为鼎盛标志的诗性文学巅峰和孔、孟为代表的诗性教学思想成就。这一切都植根于中国丰厚的诗性文化当中，这种诗性特征深刻地映射到教学理解与教学活动当中，就无形地引领着诗意化的教学生活，也使得更为具体的教学活动烙上了深深的诗意化特征。

“语言是存在的家园。”我们的教学活动是以独特性的汉语言作为基本载体的教育活动。汉语的诗性优势不仅体现在汉字与文化，而且也渗透在汉语的诗意显现之中。在汉语的诗意运用中，从语言表层并不能直接深入言说者的内心世界，听者不仅要捕捉语言传达的基本信息，也要体悟和玩味语言蕴藏的言外之意。教学从开始到结束，从始到终，都依赖语言而发展着。汉语的诗性特征就是使得以语言为思想基础和交流工具的教学活动蕴含着深深的诗性活动与诗性品质。

（二）成为诗性的语文教师

要做一名有诗性的语文教师，就要有底蕴深厚的文化修养和审美哲学，要注重以诗性慰心，以诗意行教，以日益精湛的教艺挥洒才情，使课堂教学展现语文独特的魅力。语文教师要走出低谷、媚俗、庸俗的俗态，要有支撑语文教育教学大厦的雄心壮志，支撑起语文教师不凡的教骨。而要达此境，无论语文教师是不是诗人，其内心都必须蕴含一份涵养深厚的诗魂，课堂深处都该有一缕缕诗意的回荡。

教学语言是语文教师的基本功底、知识修养和教学能力的综合体现。语文教师的语言若能美如诗句，必定会营造全新的诗意般的氛围，让学生走进诗一般的园地去品味语文并获取人生最宝贵的教益。如果语文教师的教学语言贫乏，就会像花朵失去了芳香和神韵，语文课的审美价值也就不复存在了。因此，优秀的语文教师要苦心追求语言的平实、简明、流畅和个性化的诗美，用诗性的语言，引发绚烂多彩的审美情趣，构建简雅的教学风格。

（三）追求课堂的诗性创造

一个汉字，一个艺术载体；一个词语，一个有声有色的艺术形象；一篇文章，一个多层次的审美空间。“语文”二字，乃是诗性的字眼；语文课堂，理应是诗性的课堂。语文课中丰满的文字形象、生动的语言、娴熟的表现手法，这一切都可以是教师诗性教学设计的源泉。要把语文蕴含的诗性还给学生，充分酝酿具有情趣、具有美感、具有诗意的教学情境。语文应该闪耀着一种诗性的光辉，一种浪漫的情怀，一种自由的精神，一种高贵的灵魂，一种抒写生命、寄托生命、实现生命自身的尊严和价值的感性，是“盈盈一水间，脉脉不得语”般的牵手一瞬；是“路漫漫其修远兮，吾将上下而求索”

中的一声感叹；是“可怜身上衣正单，心忧炭贱愿天寒”的卖炭翁的哭声；是“这北国的秋，却特别地来得清，来得静，来得悲凉”里那飘零的落叶……

诗性，激发我们内心的真情与灵性，唤起我们心底真善美的感情，引导我们走进语文世界去感悟人生、感悟生活，激励我们去联想、去发现、去指导，让教学语言成为优美的诗句，让教学结构成为精美的诗章，让教学情感成为多彩的诗情，让教学节奏成为有味的诗韵，让语文成为闪亮的先秦繁星、皎洁的汉代宫阙，成为珠落玉盘的琵琶、高山流水的琴瑟，成为庄子的逍遥云游、孔子的颠沛流离，成为君子好逑的《诗经》、魂兮归来的《楚辞》，成为李太白的怀中酒，成为曹雪芹的梦中泪。

（四）关注高峰体验

简雅语文就是让课堂不仅成为获取知识的平台，也是学生享受教学、润泽心灵的理想场所。高峰体验是美国心理学家马斯洛提出的，指一种发自心灵深处的欢快、满足、超然的情绪体验。高峰体验是诗性教学的极高境界，处于高峰体验的人更富有责任心、活动性和创造力。语文简雅教学一定要关注高峰体验，让学习者获得体验感，教师要尽可能地把学生带进文本的经验世界、形象世界和情感世界，让文本所呈现的言语智慧，帮助学生开启聪慧之扉，疏通联想之脉，展开想象之翼，主动地发现、探索，获得成功的幸福、欣慰与喜悦。一旦进入高峰体验状态，学生不仅情感愉悦，能够尽情享受诗性智慧的快乐，而且会进入深度思考，容易因灵感的不期而至而产生顿悟，并由此产生满足感。教师要善于捕捉契机，在发现学生进入高峰体验之际进行高峰暗示，采取积极的评价，鼓励学生的热情，尊重学生的发现与融合。

简雅课堂要成为学习者的精神家园，就必须让激情洋溢的诗性智慧与理性智慧共舞。只有关注人的发展，追求生命的意义，唤醒学生的自我意识，唤醒其生命感和价值感，充分满足每一位学生的个性需要和期望，才能培养有独特个性的人。简雅教学需要诗性智慧，需要用诗性智慧培育富有诗意的学生，只有让简雅课堂成为学生的诗意栖息地，学生的语文学科素养的形成才能指日可待。

第三章 简雅语文的文体教学

夫文章之有体裁，犹宫室之有制度，器皿之有法式也。（明·徐师）

一、叙事性作品教学策略

叙事性作品，顾名思义就是以叙事功能为主的一种文学作品。叙事性作品是小学阅读教学的“龙头”。然而，很多教师缺乏文体意识，对 2011 年版课标中关于叙事性作品的教学要求不够明确，导致目标意识淡薄、教学策略选用不当，导致学段目标无法实现。其实，叙事性作品是通过叙事来反映现实生活、表达思想感情的。教学时，教师应根据不同学段的阅读目标，立足语文实践，选择适合学生的教学策略，引导学生循序渐进地学习。

第一学段，基于语文实践观其貌

刘勰在《文心雕龙》中提出了“观文者披文以入情”“故能瞻言而见貌”的观点。这里的“观”“瞻”表示的是在作品阅读的初始阶段，读者对作品进行感知的心理活动。在阅读时，读者只有首先接触作品的语言文字，感知作品的外观形式和形象，才能由“观文”而“入情”，因“瞻言”而“见貌”，最终看到这些语言描述就像看到了具体的景物一样，从而了解作者所要表达情趣和意蕴。

2011 年版课标针对第一学段的叙事性作品教学提出：“阅读浅近的童话、寓言、故事，向往美好的情境，关心自然和生命，对感兴趣的人物和事件有自己的感受和想法，并乐于与人交流。”故我们暂且称这个学段的叙事性作品阅读为“观其貌”，即让学生凭借自己的心智和阅读经验直接接触叙事性作品，对作品中的主要人物、故事情节、叙事结构等进行初步的感知和把握。由于叙事性作品是以语言作为媒介来塑造形象的，因此在感知作品时，学生还需进行想象和联想的心理活动，将作品的语言符号转化为视觉形象，从而对作品进行更深入的感知。

第一学段的阅读教学目标是借助课文识字、写字，并正确流利地朗读。以《画风》为例，根据第一学段的学生喜欢多种多样的朗读活动的特点，教师可以将教学目标定为：运用朗读策略，了解“画风”事件，并对感兴趣的人物和事件有自己的感受和想法。

教师可以引导学生说说课文讲了什么，这是一个反复训练、不断完善的过程；再让学生抓关键句自读，从识字、读词再到难读的句子，引导学生读正确、读流利；最后可以采用指导读、同桌合作读、带着动作读等朗读形式，激发学生的朗读兴趣。学生在读中初步感受叙事性作品情节的发展，了解事件的经过。这时，教师可以鼓励学生对感兴趣的人物说说自己的感受和想法。如教师指着黑板上的三个小朋友的头像，提出“你喜欢谁”的问题，让学生进行小组交流。学生因为对人物有一定的认识，所以很容易表达内心所想。在反馈中，学生大多喜欢赵小艺，因为她聪明、想象力丰富、长得漂亮、画得仔细，还是第一个画出风来的人……这时教师可以适时切入，引导学生发现其他人物的闪光点，即使他们不那么完美，以培养学生完整的人格。

多数教师只是完成了识字、写字、朗读的任务，却忽略了一个同样重要的任务，“对感兴趣的人物和事件有自己的感受和想法，并乐于与人交流”，这是阅读教学的一个重要缺失。然而，第一学段叙事性作品的教学应基于语文实践的读、说为主的教学策略，学生在“读”中了解叙事作品有情节、有人物，在“说”中对人物和事件有自己初步的感受和想法，敢于表达并能寻求同伴帮助。

第二学段，基于语文实践寻其味

“寻味”出自《世说新语・文学》：“皆是诸名贤寻味之所不得。”任何一篇叙事性作品在语言文字的背后都会蕴藏着深远悠长的情趣和无限深邃的意蕴。随着年龄的增长，学段的上升，学生在阅读叙事性作品时绝不能只停留在第一学段的阅读要求——观其貌，而要把审美的触角进一步向作品的深处延伸。我们暂且把第二学段阅读叙事性作品要达到的阶段称为“寻其味”。这里的“寻其味”就是让学生潜心会文，自然涵泳于作品语言所描述的情境之中，用心体味，捕捉和追寻作品的情趣和韵致。这个阶段是学生与作品反复耦合的心理过程。在这个过程中，教师要引导学生调动和发挥自己稳定的注意力、丰富的想象力和敏锐的洞察力，咀嚼作品的语言，把握作品深层意蕴。

2011年版课标对第二学段的叙事性作品的教学有两个要求：能复述叙事性作品的大意，通过事件起因、经过、结果来梳理文章的脉络；初步感受作品中生动的形象和优美的语言，关心作品人物的命运和喜怒哀乐，与他人交流自己的阅读感受。课标就是教学的依据，例如在执教《燕子专列》时，教师需要完成以下三个任务：

①用叙事性作品的六要素来梳理课文脉络，概括主要内容。

②运用抓关键词、对比、朗读、积累的策略，体会环境描写的作用，感受居民们的爱心。

③运用说话策略，关注人物的命运和喜怒哀乐，感受典型人物的形象，并与他人交流自己的阅读感受。

梳理课文脉络，概括主要内容，这是学生与作品的第一遍耦合。在此基础上，教师出示关键句“听到消息后，居民们纷纷走出家门，冒着严寒，顶着满天飞舞的大雪，踏着冻得坚硬的小路，四处寻找冻僵的燕子”，让学生将其与去掉“纷纷”“四处”的句子对比。学生自读、体会，读出两个词的内蕴。这是学生与作品的第二遍耦合。随后，教师请学生画出这句话中描写环境的短语，给动作的词“冒着”“顶着”“踏着”加点，联系生活实际想画面。瑞士居民们的形象变得更丰满了，也凸显了叙事性作品以事感人、以情动人的特点。这是学生与作品第三遍的耦合。此时，教师再通过多种朗读方式，让学生逐渐达到熟读成诵的水平。这样，课文中的语言形式就牢牢印在学生脑海里了。这是学生与作品的第四遍耦合。最后，教师引导学生揣摩小贝蒂这一人物形象，通过细读第4自然段，用说话策略引导学生试着从不同角度感受典型人物形象，并在全班交流。这是学生与作品的第五遍耦合。

学习第二学段的叙事性作品，需要掌握根据六要素概括主要内容的方法，能够抓关键词句进行阅读，反复吟咏叙事性作品的语言，积累文中的语言形式，关注作品人物的命运和喜怒哀乐，并受优秀人物的熏陶和感染，真正实现“寻其味”。

第三学段，基于语文实践悟其道

2011年版课标针对第三学段的叙事性作品的教学提出：“阅读叙事性作

品，了解事件梗概，能简单描述自己印象最深的场景、人物、细节，说出自己的喜爱、憎恶、崇敬、向往、同情等感受。”同时，课标还指出，学生应在阅读中了解文章的表达顺序，体会作者的思想感情，初步领悟文章的基本表达方法。针对这些要求，第三学段叙事性作品的教学不仅要让学生领悟生命意义，还要让学生收获表达方法，我们暂且称为“悟其道”。

这个“道”既包含工具性层面，又包含人文性层面。从人文性层面来看，这个“道”是指文章所有传达的一种生命意义，这种生命意义的获得，可以使学生的精神得到陶冶，灵魂得到净化；从工具性层面来看，这个“道”是指文章基本的表达方法，这些表达方法的获得，可以使学生的语感经验变得丰富，言语智慧变得灵动。“悟其道”就是学生在教师的引导下揣摩体会作品，心灵与作品所传达的内在生命结构之间产生的深层次的契合，从而进入一种心灵的震颤、思考的境界。文字将会感动学生，让学生的心灵得到净化，让学生的情感得到升华，也就促成了学生对作品的最高感悟——“道”的把握。

《一夜的工作》主要的表现手法是对比。为了实现“悟其道”，教师可将目标定为：默读课文，寻找对比处，初步领略作者是如何用对比的手法来表现周总理的伟大人格，并尝试在习作中添入对比的写法。

教师可让学生先自读课文，寻找对比之处，初步感知，并尝试批注。文中共有三处“对比”，教师采用的教学策略也各不相同。

1. 宫殿式的建筑和室内陈设简单的对比。

关于宫殿式的建筑和室内简单的陈设，学生的记忆储备不足，头脑中没有清晰图像，如果教师一味用语言描述或请一知半解的学生来表述，不能直观、快速地建构影像，所以这一处对比教学，教师采用图片法是最直观最有效的。教师先用多媒体出示各种豪华的宫殿式建筑的图片以及金碧辉煌的室内陈设图，再出示仅有一个不大的写字台、两张小转椅、一盏台灯的室内陈设图片。此时，教师顺势发出疑问：“作为一位总理可不可以有豪华的、舒适的住宅?”“可以!”“那周总理为什么不用?”一问一答，引发学生的深思，从而对周总理的人物形象有了直观的认识。

2. 工作态度认真和工作量大的对比。

关于总理工作态度的认真，句中的关键词是“审阅”，只要理解了“审阅”，加上审阅的是一尺来高的文件，学生对句子的理解和对总理的工作态度的把控就迎刃而解。所以这一处对比的教学，教师主要采用抓关键句中的关键词和朗读的策略。“审阅”什么意思？文中怎么写：一句一句地看，看完一句就用笔在那一句后面画一个小圆圈，他一边看，一边在思索。“审阅”和“浏览”有什么区别？在对关键词的不断深入探讨中，总理对待工作一丝不苟、全神贯注的形象就跃然纸上了。“这样的极致认真，可不仅仅是审阅一份文件，而是一尺来高的一叠文件，多么劳苦的工作啊！”学生在教师的点拨下，自学互学逐步加深对文章的体会。当学生基本理解到位时，教师适时引读：“一句一句地审阅，看完一句就用笔在那一句后面画一个小圆圈，他不是普通的浏览，而是一边看，一边在思索。”朗读，不仅帮助学生阅读情感达到高潮，还让“审阅”背后的人物形象更加深入人心。

3. 繁重的工作和简单的夜宵的对比。

“花生米并不多，可以数得清颗数，好像并没有因为多了一个人而增加了分量。”好像并没有多，是多还是没多？辨析它，夜宵的简单就显而易见了。所以这一对比处的教学，是采用抓关键词辨析的策略。教师通过“好像”一词，先引导学辨析花生米到底有没有增加。当师生确定花生米确实增加后，教师再引导学生发现，增加了的花生米的数量还可以数得清，可想而知，周总理平时的夜宵是多么少而工作又是那么繁重。这样抓住关键词辨析思考，周总理不辞劳苦的工作精神和简朴的生活作风——生命意义就印在学生们心中。通过对作者抒发感情的句子的朗诵，学生在感受到作者激动和自信的心情的同时，也逐渐领悟到如何在阅读中挖掘语言背后的深意。

学习了三处对比之后，学生对对比的手法有了一定的了解，学了就要用。所以“读写结合，以读促写，以写促读，提高读写迁移运用能力，领悟文章的表达方法”是这课教学的关键所在。

用对比的手法写话：

（1）虽然是________的房子，但是________极其简单。

（2）虽然总理的工作十分劳苦，但是________。

（3）虽然________，但是________。

三题的设计从课内到课外，从简单到复杂，需要学生在学完课文之后重组课文语言，运用对比的手法写话，巩固所学的新知。写着写着，周总理的形象也逐步在学生的心中高大起来。学生既学习了课文的表达方法，又体会到周总理的高尚人格。

第三学段叙事性作品教学不仅要达到叙事性作品的教学要求，还要达到阅读教学的学段目标，即生命意义和表达方法——悟其道。所以教学时要选取作品本身最独特的表达方式、表现手法、结构技巧或修辞手法等作为工具性层面的“道”教语文知识，并运用学到的表达方法试着练笔，进而实现从工具性到人文性和谐共舞——悟道。

根据学段目标，站在儿童的立场，采取适合儿童的教学策略，循序渐进地引导语文实践，方能在叙事性作品的阅读教学中提高学生的语文素养。

二、童话教学策略

纵观人教版小学语文教材编排，不难发现，童话在第一学段和第二学段的教材编排中占有相当大的比例，在第一学段几乎占去了选文的半壁江山，到了第二学段的四年上册第三组还围绕“中外童话”这一专题进行编排，大有收官之感。因为五年级及以后的教材就很少编排童话了。在此，基于语文实践，立足单元统整，简雅教学探寻童话教学策略，让学生走进奇妙的童话世界，感受童话的魅力，让童话永恒的诗性光芒和幻想的魅力温暖、滋润着孩子绵延的人生。

（一）基于语文实践的单元统整

人教版四年级上册第三组教材由两篇精读课文《巨人的花园》《去年的树》，两篇略读课文《幸福是什么》《小木偶的故事》，以及《综合性学习》《口语交际·习作》《语文园地三》组成。

1. 单元统整贯穿童话主线

人教版课标教材采用“专题组元”的体例编排，本组教材以“中外童话”为专题，具有显著的文体特点。

本单元的导语明确提出，“让我们跟随本组课文，走进奇妙的童话世界，了解童话的内容，品味童话的语言，体会童话的特点”。这就是这组教材的核心目标，具有极强的文体意识。两篇精读课文后的“思考练习题”紧扣单元核心目标设计，具有明确目的性和针对性，也有利于提高单元整体学习的实效性。两篇略读课文的课后泡泡“我想和几个同学合作，把课文内容演一演。”“在小木偶身上，后来又会发生什么事呢？我来接着编下来……”为口语交际和习作作了铺垫。前面的“综合性学习”与语文园地中的“展示台”首尾呼应，引导学生用不同的方式搜集阅读自己喜欢的中外童话，以群文阅读活动增加学生的阅读量，再进行分类梳理、展示，体现语文学习的综合性和实践性，训练学生的思维能力和实践操作能力。

我们会发现，本组教材始终贯穿“中外童话”这条文体主线，从理解到运用，从阅读到表达，从课内到课外，既循序渐进，又浑然一体，相得益彰。

2. 中外童话，提供丰富资源

教材选取了不同作家、不同主题的4篇童话。有英国作家王尔德的分享快乐的《巨人花园》，有保加利亚作家埃林・彼林的劳动创造《幸福是什么》，有日本作家新美南吉的珍视友情的《去年的树》，以及中国作家吕丽娜的体验生活的《小木偶的故事》。

本组教材的四篇文章，语言各具特色，写作方法也各不相同。《巨人的花园》中的花园随着巨人的态度转变而变化，神奇异常。《幸福是什么》则是以一幕幕的场景描写呈现；《去年的树》中两个意味深长的“看”中包含着真挚友情；《小木偶的故事》以精彩的提示语和对话呈现。

从类型上看，《小木偶的故事》中的小木偶被赋予人的生命，会哭会笑会生气，《去年的树》中的鸟儿、大门等也能像人一样说话、思考，属于拟人化童话。《幸福是什么》是以普通人作为主人公的童话，是人物童话，而《巨人的花园》中的巨人，在现实生活中是不存在的，完全是作者想像的人物形象，属于超人化童话。

从表现手法看，《巨人的花园》主要运用对比的方法展开故事情节，揭示道理。文中有许多处进行了对比，如，巨人砌墙与拆墙后花园情景的对比，巨人砌墙与拆墙后态度的对比，感觉的对比，正是在这些对比中，故事的情节变得跌宕起伏，故事所揭示的道理也自然地显现出来。

《幸福是什么》故事情节奇异是本文的一大特色。文中“智慧的女儿”突然而来，飘然而去。她肯定、赞扬三个牧童疏通泉眼的劳动，引导他们通过自己的实践并明白什么是幸福，在他们有了体会之后，揭示幸福的含义。她就像有着无穷智慧的导师，指引三个牧童去实践，去发现，帮助他们树立正确的思想。智慧的女儿这一形象在文中起到了“魂”的作用，正是这一人物形象，使整个故事变得神秘而有趣，大大增强了文章的可读性。

《去年的树》主要通过对话展开故事的情节，推动故事的发展，整篇童话的语言朴实无华，全文没有华丽的词句，用白描的手法，写出了鸟儿对树的真挚情谊，略去了鸟儿在寻找朋友过程中以及面对灯火时的心理描写，给读者留下了很大的想象空间。《小木偶的故事》以“笑”为线索展开故事情节，与《去年的树》一样，文中对话比较多，这是拟人体童话的特点。

四篇课文和而不同的表达，提供了多样化的教学资源，丰富了学生的言语感受，为言语实践奠定了基础。

（二）基于语文实践的策略探寻

“语文课程是一门学习语言文字运用的综合性、实践性课程。”语文教学要聚焦语言文字运用，要基于语文实践，立足单元统整，体现综合性、实践性。简雅教学把本组以童话文体编排的单元看成一个整体，进行单元统整教学，对教材资源进行开发和重组，探寻童话教学的策略。

1. 基于语文实践，学童话

人教版小学语文教材主编、全国小语会理事长陈发云同志在“人教版小学语文教科书培训会暨 2015 年小学语文特级教师高端论坛”上讲到，语文课要抓准训练语言文字的切入点，教学要找到最有价值的内容，学会取舍，要遵循基于教科书，因文而异，突出重点的原则。

《巨人的花园》独特的文本秘妙是“对比”写法。抓住第六自然段学习“对比”的写作手法，告诉学生对比手法是文学创作中常用的一种表现手法，是以相反事物进行比较，突出被表现事物的本质特征，加强文章的艺术效果的感染力。

第六自然段写没有孩子的花园的荒凉、严寒的景象，巨人的花园里仍然是冬天，天天狂风大作，雪花飞舞，与有孩子的村子里鸟语花香的春天情景进行对比。

①巨人的花园里仍然是冬天，天天狂风大作，雪花飞舞。

②春天终于来了，村子里又开出美丽的鲜花，不时传来小鸟的欢叫。

请学生找出两个意思截然相反的句子，朗读体验对比；读出画面感，体现对比，感悟对比写法的作用。

第七自然段，放手自读实践，找对比朗读体会，再回顾全文，发现课文中的多处对比，确定把这一课中重点的表达方式学习到位，最后让学生说说童话的特点，结合学习“我的发现”，整合本组教学资源，先让学生发现童话的特点，然后在后三篇文章再细细揣摩，这样对体会童话的特点会更有成效。

2. 基于语文实践，读童话

童话语言浅近、口语化，但并不等于平庸、苍白，而是经过艺术提炼的，既通俗明白、晓畅而又有艺术的美感。表现手法丰富，这样的语言孩子读起来特别有兴趣，是培养学生语感、丰富学生语言的极好教材。言语性是语文学科的基本特点，但恰恰是以前的语文课堂容易忽略的，因为我们往往习惯于关注课文中人物的命运和文字所承载的思想情感，而忽视了表达这些人物命运、思想情感的载体——言语表达。崔峦老师呼吁“和内容分析式的阅读教学说再见”，明确提出了语文教学要体现“一个中心”“两个基本点”：“一个中心”即以语言训练为中心，特别是加强语言的运用。“两个基本点”即培养语文能力，提高人文素养。有人研究，一个人能把课文读得正确、流利、有感悟，就基本上掌握了语言的规范。

本组课文《去年的树》就可以用分角色朗读为主的方法进行教学，教师要紧紧抓住四次对话，以朗读对话为线索，分角色朗读，把不同角色在不同情况下说话的语气读出来。第一次树与鸟的对话要读出依依惜别、难舍难分之情。后面的三次对话，鸟都是在寻找树，要用询问的语气来读，当它一次又一次地找不着时，心里是非常焦急的。所以读鸟向树根、门先生、小女孩问话时，心情一次比一次急切。当它得知树被“砍倒”，被“切成细条条”“做成火柴”“卖掉了”“火柴已经用光”，只剩下用火柴点燃的火还亮着，它的内心越来越伤心，读时要突出一次比一次伤心，一次比一次难过。三个角色的回答，其身份不一样，朗读时也应有所区别。读树根的话时，要读出同情、伤感的语气，因为树根本是树的一部分，读门先生的话，声音要显得平淡，因为工厂的大门对这样的事情见得多了，不以为然了；读小姑娘的回答，声音要稚嫩些。

3. 基于语文实践，演童话

童话故事富有情趣，通过肢体扮演，可以满足儿童游戏的自然天性。用“玩”的方式来对待童话，是儿童对文学的一种独特的把玩方式。再者，情境表演是儿童最受欢迎的表现形式。本组课文中的《幸福是什么》和《小木偶的故事》声情并茂，非常适合用演一演的方式帮助学生理解课文内容，化抽象为形象，化难为易，使其突出重点，突破难点，突现特点。

《幸福是什么》可以分为三幕：牧童挖井、初谈幸福、再谈幸福。重点表演第三幕，要求学生熟读剧本，用布景、旁白、对话的方法表现十年后相遇的情景，加上动作，注意神态，再通过悟理、补白表演感受幸福，“我清楚地记得________，我还记得________”，把回忆的事情加入到表演当中再演。

《小木偶的故事》通过角色表演，品味语言，演小木偶遇到的两件事。同桌合作选一件事来演，主要汇报“小木偶被小兔子和老婆婆误解”一事，关注学生表演时是否注意到了文中的提示语，学生展示时，要求从课文中找出依据来评价“好”或“不足”。

可以以这两课的教学为基础，延伸到“口语交际”中的“演童话”，让学生自由组成小组，从编写的或读过的童话故事中选择一个最喜欢的，先商量怎样改编成剧本，再分配角色，进行排练，然后在班上演一演。

“演童话”是教学童话体裁文章的好方法，它可以为学生提供无限广阔的思维、想象和创造的空间，“演”会促使儿童更主动地去理解文章，把握形象，充分感受到童话文学的形象美，同时又在特有的情境之中进行了生动的言语训练。揣测表演技巧以及理解角色心理的过程，不仅能促进学生的心理素质、社交能力和创造力的发展，还能使儿童产生丰富的美感体验，并学会欣赏自己，感受成功。

4. 基于语文实践，写童话

针对单元统整中的“写童话”，可以分解在课文教学中的续编童话和习作中的自编童话，如教学本组教材中的《小木偶的故事》时，教师要引导学生根据课前的连接语，运用阅读《去年的树》的方法自读课文。自读时，先了解课文的基本内容，再和同学分角色读课文。在充分自读的基础上组织学生交流阅读收获。如，在小木偶的身上发生了一件什么事？小木偶遇到一系列挫折时，心里会想些什么？文章的最后一段话是什么意思？

5. 基于语文实践，拓童话

2011年版课程标准提出，“九年课外阅读总量应在两万字以上”，“提倡少做题，多读书，好读书，读好书，读整本的书”，而单元统整教学的最大优势在于目标明确，重点突出。

这组以中外童话为主题的单元教学，可以推荐学生阅读资料袋提到的作家创作的童话：丹麦的安徒生童话，德国的豪夫童话，英国的王尔德童话，中国的叶圣陶、张天翼童话，或是人民群众中口头流传的《格林童话》。也可以推荐一些时新、经典的童话书如《夏洛的网》《长袜子皮皮》《绿山墙的安妮》等。根据综合性学习的布置，让学生先各自搜集自己喜欢的中外童话，认真读一读，再互相推荐，交换阅读。可以召开童话“推荐会”，说说推荐的书目名称和推荐理由；可以召开童话交流会，几位同学合作讲一个故事，也可以自己一个人讲一个故事；还可以举行童话“表演会”，分组表演，一位担任组长，角色、旁白、音效、布景分工要明确。语文园地的展示台中还可以用办童话墙报、编童话故事集的形式来展示。也可以从《同步阅读篇》以童话为主题的八篇文章中，选取其中四篇《勇敢的小裁缝》《鹿树》《风的故事》《最棒的还是我自己》，让学生自行阅读，并填写《阅读记录单》，课堂中小组内交流阅读体会，然后再进行全班交流。这样学生在这一组课文所学的就不仅仅局限于课内了，有了短时间的海量阅读、交流，学生更容易发现童话的特点，发现规律性的知识和方法，提高分析、整合、比较、判断等思维能力。

需要特别指出的是，童话群文阅读教学要纳入课内，教师就必须做到“抓大放小”，深究一点不及其余。如果教师无法摆脱一讲到底的语文教学旧模式，对单元课文和阅读材料也进行逐段逐句的讲解分析，不仅不能达到拓展阅读面，提高阅读能力的目的，反会让学生兴趣索然，也加重了学习负担。

在学生充分交流阅读体会之后，可以引导学生续编这个童话。让学生根据课文内容进行延伸性想象，进行创造性的表达。教师既要鼓励学生大胆想象，又要指点方法，如，提示学生把握故事的主线，把握人物的性格特点。无论怎样想象，怎样创造，故事的主线不能变。教师要从学生的实际出发，重在激发学生的参与意识和创作愿望，应分层要求，以鼓励为主。《小木偶的故事》原文很长，课文只节选了开头的一部分。学生续编故事之后，教师可以酌情介绍原文后面的内容。

自编童话之前，先引导学生去发现课文中的童话在写作上有什么特点，教师再引导总结，利用表格的形式总结出童话类型、寓意揭示、表现手法和语言特色方面的特点，指导创编童话，例举主题，结合课文的写作方法，分步指导。

三、诗歌教学策略

诗词是人类与生俱来的一种体验，是人类精神园地里永不老去的童心梦幻，是文学的源头，是艺术审美金字塔的顶端，是个性抒发的最近途径。诗歌的教学，要让学生徜徉在诗歌的感觉美、意象美、语言美中，被丰富多彩、蕴含复杂的艺术形象所感染，被凝聚了五千年华夏文明精粹、活跃着一个个鲜活生命的最纯粹的样式所陶冶。由于诗歌文体的独特表达特点，诗歌教学策略最应体现简雅之美。

（一）借助注释插图，初感和谐美

人教版教材对三至六年级的古诗词进行了注释，共有 149 条，大致分为以下几类，有解释地名的，也有注释古今异义的，有介绍词牌名称的，有注释古代物品名称的，有描写事物样子的注释，也有和现代不同的语言词。

四年级下册第六组的《古诗词三首》中的《渔歌子》有四条注释，分别是解释地名的“西塞山”，描写事物样子的“鳜鱼”“箬笠”“蓑衣”。在初读课文环节，出示自读提示：1. 读准字音，把首词读通读顺。2. 遇到不理解或难理解的词句，用笔画下来。可以借助课文注释、课文插图，还可以想象词句描绘的画面理解。

在学生自读的语文实践中，借助注释知道西塞山是一座山的名称，以及它所在的地理位置，知道鳜鱼是一种味道鲜美的淡水鱼，同时借助插图，形象地了解古时候用的防雨斗笠和雨披的样子和颜色，箬叶青青，蓑草绿绿，渔翁衣着与春天形成和谐之美。

插图中远处的西塞山，山前的一行白鹭，近处的着青箬笠、绿蓑衣的渔翁，流水，桃花，初步在学生的自主学习理解下形成一幅幅画面。教师在学生能自行借助注释和插图读懂时不介入，仅仅点拨引导学生发现渔翁的衣着与春天的绿意盎然的和谐、美妙，让人赏心悦目。

这样借助注释和插图既使学生更好地理解了词语意思，又培养了学生的想象力和审美能力，使静止的语言在头脑中有了画面，并鲜活了起来。

（二）反复诵读吟咏，陶醉音韵美

古诗词讲审美、体验、感悟、直觉，体现了汉民族独特的心理结构和思维方式。钱理群说：“中国传统文化，根本上是一种感悟文化，而不同于偏于分析的西方文化。”用方块字连缀而成的中国古典诗词，一直洋溢着一种独具魅力、生生不息的灵性风韵。灵性是古典诗词的一种鲜活气脉，故非吟诵涵咏不足以入其境、得其神、品其韵。

在初读环节，先要求学生借助拼音，把这首词读通读顺，做到字正腔圆，接着教师范读，画出停顿符号，学生试读、指名读，重点指导“西塞山前白鹭飞”，读时，虽然停顿在“白鹭”前面，但气息还要连着，这样全班齐读就有板有眼了。

在想象画面环节，教师再次配乐范读，美轮美奂，给学生以很好的示范，再结合每一句诗的画面的描述不断吟诵，诗词的感觉美、节奏美、色彩美、画面美在学生脑海中徐徐展开，一种愉悦、舒服、满足的感觉油然而生。

在“抓住词眼，感悟词情”环节，通过链接张志和的生平，学生了解到诗人“不须归”的不仅是家，更是官场，他只愿意陶醉在这优美的山水中。此时优美的音乐起，教师引读：

师：（音乐起）晨曦微亮的早上，鸟儿在枝头欢快地鸣唱，诗人张志和独自划着一条小船，顺着春江水，绕过西塞山，慢慢地朝这片桃林移来，他在心里轻轻吟着——（个别读）

师：好几个时辰过去了，诗人张志和还在这片桃林下面，只见他悠闲地坐在船头，有时望望西塞山，有时从江面拾起几瓣桃花，他在津津有味地吟唱着——（集体读）

师：天色已近黄昏，岸上的人家已升起袅袅的炊烟，天空也渐渐飘起了细细的雨丝，但是张志和依然坐在船头，他心里轻轻地吟着——（课件擦除文字，生集体背）

接着放《渔歌子》的吟唱，师生摇头晃脑，轻轻唱和，学生在吟诵涵咏中口诵心惟，咀嚼体悟，共鸣感奋，润养身心，化育灵魂。古典诗词教学需要激情，需要陶醉，需要发现。吟诵涵咏创造了令人陶醉、充满激情的学习情境，诗教足以养心。

（三）启发联想想象，欣赏画面美

中国古典诗词言约意丰，贵在含蓄，时空跌宕，跳跃腾挪，非联想、想象不能领悟其意境、意趣。“春雨又绿江南岸”“红杏枝头春意闹”“云破月来花弄影”一字风流，境界全出。老师就要启发学生通过联想、想象，再现春江碧透、柳绿桃红、蜂蝶翩跹、莺飞鸟鸣或者月影姗姗、风来花动、含羞逗影的情景，才能领会诗句深邃的意蕴和含蓄的感悟，获得阅读欣赏的愉悦和二次创造的满足。例如《渔歌子》，教师这样引导联想、想象：

师：同学们，张志和他不仅是一个诗人，他还是一个画家。唐代著名书法家颜真卿这样夸他，说他词中有画，画中有词，这首词就是一幅画。下面，就请同学们快速地用下划线标注出词中提到的景物有哪些。

（生标记词中写到的景物）

师：我们一起来看看有哪些景物。

多生：白鹭，西塞山，桃花，流水，鳜鱼，箬笠，蓑衣，斜风，细雨。

师：你看，短短27个字的一首词，诗人就给我们描绘了那么多景象！那就让我们伴随着这音乐走进这幅画里。请同学们闭上眼睛，（示意学生闭上眼睛）展开我们想象的翅膀，我们会看到更多更美的景象。

（师播放音乐范读）

师：（引导想像）你一定会看到西塞山，它有着怎样的颜色？它有多高？白鹭飞翔的姿态你看到了吗？白鹭的声音你听到了吗？桃花的颜色又是怎样的？它开得有多热闹？也许，还有些桃花随着风儿在舞蹈呢！流水的声音你听到了吗？水底的鳜鱼，你看到了吗？还有那坐在船头的渔翁！还有斜风、还有细雨！（稍停）西塞山前白鹭飞，桃花流水鳜鱼肥。青箬笠，绿蓑衣，斜风细雨不须归。

（生闭眼想象）

师：这么多的景象，这么丰富的色彩！我相信你一定看到了！慢慢地睁开眼睛，来，把你刚才看到的最美的景象，或者听到的最美的声音告诉你的同桌，同桌之间互相说说。

（生同桌讨论、反馈交流）

师：是啊，展开想象的翅膀，（课件出示词中的视频）我们既看到了远处青翠的西塞山、飞翔的白鹭鸟，我们也看到了近处的飘飘悠悠的粉红桃花、慢慢流淌的清清江水、黄白相间的肥美鳜鱼，我们还看到了更近处斜风细雨中那个头戴青箬笠、身披绿蓑衣的渔翁。张志和就像一个画家一样，由远及近、由整体到局部地给我们描绘了一幅绝妙的“烟波垂钓图”，来，我们一起再来美美地欣赏这幅图画一样的词。

（生齐读全词）

课中，教师告诉学生“张志和既是诗人，也是画家”，他“词中有画，画中有词”。然后让学生找出《渔歌子》所描写的景物，教师配乐吟诵，学生展开想象的翅膀。教师引导学生想象山的颜色、高度；白鹭飞翔的姿态、鸣叫的声音；桃花的颜色、肆意开放的情景、姿态、香味；流水的清澈，水底肥美的鳜鱼，还有着青箬笠、绿蓑衣的渔翁和斜风细雨……一幅由远及近，由整体到局部的“烟波垂钓图”，在学生想象中徐徐展开。

古诗词浸润着汉民族的审美意趣，多借景抒情、体物写志、咏史寄兴，即事感怀，又多用映衬渲染、虚实相生、动静互见、拟人比喻等表现手法，这些更需要也更能培养学生的联想、想象能力。

（四）链接对比阅读，感悟人性美

在《渔歌子》教学中，共有两处链接相关诗词，进行相近或相对地阅读，充分体现用教材教，把书教活；用教材教，唤起学生的记忆储备；用教材教，对比阅读，培养学生求异思维能力。

课前古诗热身，师生对诗复习，已经学过的或是已经背过的“迟日江山丽，春风花草香”“两个黄鹂鸣翠柳，一行白鹭上青天”“流连戏蝶时时舞，自在娇莺恰恰啼”“竹外桃花三两枝，春江水暖鸭先知”“日出江花红胜火，春来江水绿如蓝”等诗句。

在教学第二个板块想象画面时，教师适时引导学生由《渔歌子》描写的景物想到课前热身时所背的诗句。想象白鹭飞翔的姿态就想起了“两个黄鹂鸣翠柳，一行白鹭上青天”，说到了“桃花流水鳜鱼肥”，就想起了“迟日江山丽，春风花草香”；想起了“留连戏蝶时时舞，自在娇莺恰恰啼”；想起了“日出江花红胜火，春江水暖鸭先知”。用这些描写春天的诗句，更加丰富了《渔歌子》的春景。

第二处是在板块四中，链接了《江雪》对比阅读，让学生借助注释和插图读懂诗意，通过想象和链接柳宗元生平资料，悟诗情。学生只有放眼广袤的天地，想象漫天飘雪，千山皆白的寥廓凄清的背景衬托下的一叶孤舟，一竿鱼钓和一孤苦老头，才能走进一个在宦海中虽几遭打击几度浮沉仍痴守节操，孤寂愤怨的灵魂深处，实现跨越千年的灵魂对话。

两位诗人，同在唐代，同是被贬，同在垂钓，但两个人的心境却完全不同，柳宗元孤独、悲愤、顽强、无畏，张志和悠然自得，寄情山水，惬意愉快。教师点出，不管是流连山水，乐而忘返，还是顽强执着，积极向上，都是一种人生态度，没有对错之分。也正因为不同的人生态度，才能有这样的不同风格但同样经典的诗词，引导学生通过对比阅读，体悟自己的生命体验、生命情感和生命意识，从而实现学生自我生命成长和提升的过程。

著名儿童文学理论家王泉根曾说："爱诗、懂诗，从诗美艺术中汲取精神素养，这对于儿童的'精神成人'具有特殊的价值意义。"的确，在儿童的生命成长过程中，诗歌是开启语言之门、培养文字感悟能力和丰富情感的最好媒介。成功地教学一篇诗歌是一种艺术创造，愿诗歌教学能开启学生心灵的窗户，照亮儿童心灵的天空，让每一个人的生活都充满了简雅之美。

四、说明性文章教学策略

关于说明性文章，语文课程标准在第三学段首次提出："阅读说明性文章，能抓住要点，了解文章的基本说明方法。"说明性文章与说明文之间有着两个方面的联系：一是说明性文章体现了说明文的基本特点，但在表达方式上更加丰富，以说明为主，又融入叙述、描写、议论与抒情等表达方法。二是说明文以介绍事物为主，而说明性文章的范畴更为宽泛。

说明性文章有的是介绍某种事物，有的是说明某种道理。小学语文教材中，这类文本更多的是带有说明性的童话、小品和记叙文等。这些文章比较浅显，在内容及言语形式等方面都充分考虑小学生的认知特点。为更好地发挥它的教学价值，教师应对其合理归类，恰当选择言语形式学习点，在有效的言语实践中，习得阅读和表达的基本方法，感受说明性文章的结构美、语言美、说理美和科学美。

（一）获取信息，领悟严密的结构美

说明性文章是按照事物的规律来安排说明的结构，不同的说明性文章，由于说明内容、角度的不同，其表达顺序也各不相同，从而形成了说明性文章的结构美。第一，介绍科学的小品文，一般都是站在读者的立场，先用生动的故事引出要说明的科学内容，然后深入浅出地介绍科学的概念或知识，接着从不同角度说明该科学成果给人们带来的好处或作用，最后激发人们对该科学成果的关注或探索。第二，介绍事物为主的说明性文章，一般都是先

概括介绍该事物的整体情况，然后介绍事物的种类、特点、习性、作用等，最后表达作者对该事物的感情或观点。第三，说明道理类的文章，一般先提出观点，然后从不同角度举例来说明道理的深刻内涵，最后再次强调该道理的重要意义。无论是时空顺序的纵横结构，还是按事物的主次、因果等顺序的逻辑结构，它们都是反映事物、事理、本质特征的形式。这些形式本身就包含着说明文结构的内在条理美。

第一，关注文章的结构。说明性文章具有结构严谨、条理清楚的特点，要引导学生把握文章的内在逻辑结构，从而把握文章的要点。《莫高窟》全文共有5个自然段，教学时，先让学生默读课文，想一想每个自然段主要写了什么，引导学生提取关键信息，理清文章的逻辑结构；再让学生用设计思维导图或结构示意图的形式把握文章的要点。第二，关注文章的表达。我们要引导学生读懂文本的具体内容与表达方式，从而把握文章的要点。教学《莫高窟》"彩塑"一段时，让学生默读课文，思考这段文字一共写了几句话、句与句之间是什么关系、作者是用了哪些说明方法、这样写有什么好处等问题，从而把握文章内容的要点，并尝试用思维导图或结构示意图呈现出来。

说明性文章的结构美，在教学中不仅把它作为说明文的知识去传授，而且让学生从知识的获得中把握其规律，感受其妙处，汲取其精华，以增强学生对说明文之美的鉴赏能力，这确实是加强说明文审美教育的途径。

(二) 迁移运用，学习精练的语言美

说明性文章有自己的语言特征，即简明、准确、通俗、生动，这构成了说明性文章语言美的主要内涵。如《埃及的金字塔》，介绍胡夫金字塔高146米多，由230万石块砌成，石块平均每块重2.5吨。这些数字非常准确。为了让读者对这些数字有更形象的感知，作者还用打比方、作比较、形象描述等表达方法，把金字塔的高比作40层的大楼，把金字塔的周长与1千米的路程做比较，把230万块巨石与铺成道路可绕地球一周、用60万个车皮来装做比较，把石块的接缝处形象地描述成连刀片都插不进去，这些语言准确而又生动。科学小品文反映的内容有很强的科学性、专业性，要把专业性很强的科学知识深入浅出地介绍给读者，语言必须通俗易懂。如《奇妙的国际互联网》，作者为了说明这个"网"，形象地打了个比方："你可以想象一下，假如有一只巨型的蜘蛛，织成了一张团团包住整个地球的'大网'，那该是怎样的情景啊！国际互联网就像这张包住地球的‘大网’。”这个“网”到底是怎样构成的呢？作者又用通俗易懂的语言加以说明“这张‘网’是通过无数条‘线’把亿万台电脑连接起来的。这些‘线’有的是看得见的电缆、光缆，也有的是看不见的无线电波。这些‘线’上飞速流动着文字、图像、声音，它们能够在几秒钟内跨过万水千山，传到世界各地的电脑上。”这种灵活的笔调、形象的语言，富有吸引力。

说明性文章精练的语言美的特点对于培养学生谋篇布局、遣词造句、语言表达等能力有独特的优势，要千方百计创设情境，让学生运用习得的方法练习说明事物与道理。第一，学当导游，复述课文，领悟说明方法。教学《麋鹿》，让学生学着讲解员的样子说说麋鹿的外形特点、生活习性和传奇经历。学生不仅领悟文章的说明方法，还能感受到语言的生动优美，增强学生保护野生动物的意识。第二，仿写训练，学习构段方式与说明方法。教学《学会合作》，让学生学习课文第 2 自然段的表达方法，仿写一段话，并用上“总之”这个词语。学生不仅对“总—分—总”的构段方式有了深刻的体会，而且能够领悟遣词造句的准确与到位。第三，补充内容，深化理解，提高学生语言表达能力。教学《学与问》，文章列举了哥白尼和沈括的事例，涉及的都是中外古代的人物，如果能列举一个我们身边的事例，不是更有说服力吗？让学生给课文再增加一个身边勤学好问的事例。这样的设计，不仅促进学生对课文内容的深入理解，而且还提升了学生语言表达的能力。第四，拓展延伸，增长见识，提高学生获取信息、处理信息、语言表达等综合能力。教学《神奇的克隆》，让学生搜集克隆造福于人类的事例，并写成一段话。这里不仅需要学生搜集关于克隆的相关资料，而且还要对搜集的资料进行甄别、筛选，并尝试用自己的语言进行整理与表达。

（三）赏析比较，了解形象的说理美

说明道理类文章用形象化的语言来摆事实、讲道理，具有鲜明的说理艺术。《滴水穿石的启示》一文，开篇从滴水穿石的自然现象谈起，引出“水滴的力量是微不足道的，可是它目标专一，持之以恒，所以能把石块滴穿”这个观点；接着，作者列举明代著名医药学家李时珍经过不懈努力写成《本草纲目》、美国发明家爱迪生孜孜不倦拥有一千多项发明、现代著名书画家齐白石坚持不懈创作的三个事例，从正面说明“滴水穿石”的道理。作者为了进一步说明这个道理，又列举雨水的例子，从反面说明“滴水穿石”的道理。最后，作者再次强调“滴水穿石”的启示：“目标专一而不三心二意，持之以恒而不半途而废，就一定能够实现我们美好的理想。”这篇文章从正反两面说明，列举事例中的人物涉及古今中外，再加上运用设问、反问的修辞手法，不仅让读者深刻领悟“滴水穿石”的道理，而且表现出一种质朴而又睿智的说理美。通过赏析比较，领悟表达效果，感受说理之美。

第一，抓住关键内容进行赏析。可以关注文章的题目，抓住文章的题目进行教学，这不仅能够帮助我们把握文章的内容，而且能够帮助我们领悟文章的表达方法。如《火星——地球的“孪生兄弟”》，题目不但指出了说明的对象——火星，而且还指出了说明方法——作比较。还可以聚焦关键语句，如总起、过渡、总结等，正是这些句子，才使文章结构清晰、过渡自然。第二，领悟说明的表达效果。常见的说明方法有列数据、举例子、打比方、做比较等。说明方法的领悟不能仅止于“贴标签”式的知识教学，最重要的是领悟其表达的效果并在写作中尝试运用。教学《埃及的金字塔》胡夫金字塔一段内容时，把握几个要点：一是知道这句话写了什么，用了哪些说明方法；二是这些都是数字，有什么不一样的地方；三是为什么用“相当于”“如果”这样的词语，不用行不行。通过品读，知道这段话主要用了列数据的说明方法，这些数字有的是直接描写胡夫金字塔的，有的则不是；通过“相当于”“如果”这些词语，将金字塔与生活中熟悉的事物做比较，这样更直观地感受到金字塔的宏伟。第三，通过比较阅读，领悟文章的表达特点。可以将课文内部进行对比，领悟不同事例的表达效果。教学《谈礼貌》，思考课文列举了哪几个事例，事例之间要说明的道理有什么联系。通过表格将“牛皋问路”“公交车上故事”“周总理理发”三个事例进行比较，让我们不仅知道礼貌待人是优良传统，而且知道礼貌待人的作用，认识到礼貌待人的重要意义，感受了说理美。还可以将不同课文进行对比，领悟不同文章的表达效果。教学五年级下册第四单元时，将《秦兵马俑》《埃及的金字塔》《音乐之都维也纳》三篇文章进行对比阅读，从文章的内容、结构、表达等不同层面进行对比，从而找到它们的个性与共性，更深层次地领悟其表达效果的不同之处。

（四）审美体验，感受科学美

许多说明性文章是介绍科学知识的，上至天文，下至地理，大到宇宙，小到石头，无所不及，这也是培养学生坚持真理、实事求是、勇于探索等科学精神的有利条件。《神奇的克隆》等文章介绍的内容都是科学领域的探索与成果，能够引发学生对科学世界的探索与向往。“所谓科学的说明是指客观地反映客观事物，即把事物的特征、本质、规律性等说得准确明白，给读者以正确的认识。说明文强调言必有据，据必确凿。既不允许夸大缩小，也不允许弄虚作假。”《火星——地球的“孪生兄弟”》一文中关于火星上是否有水的一段说明，科学家先是“分析照片”，然后是“发现河床”，又“通过钻孔”，最后是“证实推断”，写得有理有据，令人信服。通过审美体验，感受科学美。

说明性文章的语言虽然追求准确、严谨，但行文中也包含着作者的丰富情感，在教学中应挖掘文章的情感因素，引导学生品读、体会，感受说明性文章的审美情趣与文化内涵。第一，朗读体会，感受事物特点与深刻道理。《谈礼貌》中事例写得非常生动，“牛皋问路”中牛皋和岳飞的语言描写，深刻地说明“礼到人心暖，无礼讨人嫌”的道理；而“总理理发”事例中，周总理幽默、亲切与宽容的语言，更加表现出他的思想情操和文化修养。教学时，指导学生对人物的语言反复朗读，从而体会文章说明的道理。第二，想象体验，欣赏优美的语言与美好的事物。教学《音乐之都维也纳》，启发学生一边朗读一边想象，不知不觉中我们穿过阿尔卑斯山，来到山清水秀、风景如画的维也纳。随着课文的语言，我们走进这座用音乐装饰起来的城市，感受典雅的建筑、优雅的环境、美妙的音乐与盛大的典礼。第三，联想体悟，受到情感熏陶与文化感染。教学《莫高窟》，让学生通过联想，感受彩塑与壁画的艺术形象，从安详、慈善的卧佛的艺术形象中感受到佛教的慈悲与仁爱；从千姿百态的飞天艺术形象中感受到古代人民向往自由与美好的愿望，领略莫高窟丰富的文化内涵。同时，藏经洞大量珍贵文物被帝国主义掠走的历史事件，激发学生对腐败无能的清王朝的憎恶，增强学生“国家兴亡，匹夫有责”的家国情怀。

五、非连续性文体教学策略

2011 年版课标在第三学段提出了新的阅读要求：“阅读简单的非连续性文本，能从图文等组合材料中找出有价值的信息。”

所谓“非连续性文本”是相对于以句子和段落组成的“连续文本”而言的阅读材料，多以统计图表、图画等形式呈现的阅读材料，如数据、表格、图表、图画、符号、图解文字、使用说明书、广告、地图、凭证单等，具有直观、简明、醒目、概括性强、易于比较等特点。在连续性文本中插入非连续性文本，可以提供更多信息和多角度的思考，使文本生动活泼，富有变化。它已在现代社会里被广泛运用。生活在信息时代，学会从非连续文本中获取我们所需要的信息，得出有意义的结论，是现代公民必备的阅读能力。

我认为要培养学生非连续性文本阅读能力，不能仅仅靠阅读教学培养，而应涵盖整个语文教学，试着从阅读教学、口语交际、习作教学、综合性学习几个方面做一些尝试。

（一）在阅读教学中尝试

课文后面的资料袋和阅读链接，其实就是非连续性文本。但纵观高段教材，补充资料袋有 15 次，阅读链接有 12 次，并且多数都是现代诗，作者、作品介绍或者补充一些其他作家的类似作品做对比，仅有一处《一夜的工作》课后资料袋给出周总理的一天工作的时间表，直观的、富有信息量的图表、数据、图画几乎没有。

教师要根据阅读教材的需要，补充一些非连续性文本，并引导学生阅读，提取有价值的信息。

例如四年级下册《触摸春天》，在引导学生理解“谁都有生活的权利，谁都可以创造一个属于自己的缤纷世界”时可补充非连续性文本，引导学生阅读。

例：

师：读着读着，我们一次次被安静那颗热爱生活的心感动了。作者也感动了，他还发出了一句感慨，是什么？

（生齐读句子）

师：读着读着，你想到了谁？

生：我想到了海伦·凯勒，她虽然耳朵听不到了，嘴巴也说不出话来，眼睛也看不到了，她生命在无声的世界里，但是她坚持创作，她写出了许许多多文章都震撼人心，打动了我。

师：双目失明的海伦·凯勒告诉你——

（生齐读句子）

师：读着读着，你又想到了谁？

生：读着读着，我想到了贝多芬，他虽然双耳失聪了，但是他还是为人们创作出许多好听的乐曲。

师：双耳失聪的贝多芬告诉你——

（生读句子）

师：真好，读着读着，我们看到了一个又一个缤纷的世界。

出示图片（聋哑儿童舞蹈《千手观音》、残疾人艺术团单脚舞蹈、残疾人主持人桑兰、残奥会上的获奖者）。那些身残志坚的人告诉我们——

（生齐读句子）

师：大家今年几岁？

生：10岁。

生：11岁。

师：安静8岁，你们10岁、11岁，老师在上一周备课的时候，从中央电视台的节目中，认识了一个和大家一样大的小男孩，他叫周大观（出示周大观光头的图片）。他在7岁那年，不幸得了癌症，经过两次大手术，他的头发全掉光了，还失去了一条腿。但是即便这样，他还是微笑地面对生活，微笑地面对每一天。大观有一个梦就是成为一个诗人，就这样他在病床上（出示坐在轮椅上的图片），坚持写下了42首诗，还出版自己的诗集。让人非常心痛的是，大观的生命只有十岁，就是他十岁的那一年，他写下了人生中的最后一首诗《活下去》。

虽然我的生命只有十岁，
虽然我们就要说再见，
可是请你别哭，别哭，
请你一定要记得，
那个你和我之间坚强不哭的约定，
我们要把自己种成一株树，
一代一代不停地种下去，
有一天，长成一座充满爱的森林，
有一天，长成一座充满希望的森林！

请你别哭，别哭，

我还有一只脚，

我要站在地球上！

我要走遍美丽的世界！

师：学到这里，你们一定很激动，那么，我们用周大观的这首诗说说你的心里话。（多媒体出示：安静双目失明，周大观只有一条腿，我还有________，我要________！）

师：什么叫感动？这就是感动！

生：安静双目失明，周大观只有一条腿，我还有一双灵巧的手，我要用它创造美好的明天！

师：我今天非常感动的是听到大家的心声。

（全班齐读：我们都有一颗热爱生活的心，我们要用它来触摸春天！）

结合课文的生活实际，说说对“谁都有生活的权利，谁都可以创造一个属于自己的缤纷世界”的理解，是课后的问题，这个重点句子在教学用书中的解释是：“每一个人都拥有生活的权利，无论你是否拥有健全的体魄，只要热爱生活，热爱生命，就一定能够创造出一个属于自己的春天，编织出属于自己的五彩斑斓的世界。”在文本学习的基础上可补充非连续性文本，使他们真正感动，真正内化成自己的东西。

《触摸春天》的课后链接了海伦·凯勒写的一段非连续性文本。这对于四年级的孩子来讲太长、太难，不好理解。林文锋老师在课中引入三个非连续性文本：①四张图片；②对小癌症患者周大观的介绍，并出示图片；③周大观的诗歌《活下去》。

这三个非连续性文本，第一个直观地告诉学生，虽然他们都是残疾人，但这并不影响他们热爱生活、热爱生命，并不影响他们创造一个属于自己的缤纷世界。第二个非连续性文本通过教师叙述同龄孩子的遭遇，再结合图片，在学生的心中涌起波澜，感动在全班弥漫开来。第三个非连续性文本《活下去》让人感动，课上好几个学生在抹眼泪。这时再设计说话训练，学生对这句话的理解就水到渠成。

所以，在阅读教学中教师要精心备课，对于难理解的内容要找些符合年龄特点的非连续性文本，培养学生阅读非连续性文本的能力。

（二）在口语交际中尝试

口语交际需要学生查找大量资料，这些资料就是非连续性文本，学生要从非连续性文本中获取信息为自己所用，再用自己的语言组织后进行表达。在第三学段，教师要有意识地为学生查找相关资料，引导学生阅读，获取信息，并进行表达。

比如人教版六年级上册第四单元的口语交际《珍惜资源》，有环境污染的图片，资源浪费的数据、图表，自然灾害图片、曲线图等。如：关于水资源的一些统计数据的非连续性文本，从这些非连续性文本中，学生获取到地球上的淡水资源很缺乏的信息，知道了我国是缺水严重的国家，全国多数城市地下水受到污染。到2030年，随着人口的加剧，水资源开发难度极大。这些信息让学生有所触动，懂得珍惜资源的必要性。接着让学生提供珍惜资源的众多方法，如让学生联系生活实际，谈谈平时做得不够好的地方。真正让非连续性文本阅读为口语交际服务，从而也提高学生阅读非连续性文本的能力。

（三）在习作教学中尝试

习作教学要和课例、口语交际、回顾拓展联系起来进行教学，贯穿整组教学，教师还要在习作指导时，给学生提供直观、简明、概括性强的素材，这样学生才能有材料可用。

例如六年级下册一篇习作要求写民俗民风，在习作教学中，教师可以为学生提供富有地方特色的服饰图片、民居图片、别致的民间工艺品，关于节日习俗的文字资料，各地富有特色的饮食图片简介如北京烤鸭、成都担担面、重庆火锅等。

把学生搜集的资料进行交流，引导学生阅读。面对众多的材料，让学生快速浏览，并选用自己习作需要的材料，教师可以为学生做示范，让学生知道搜集非连续性文本资料的重要性，以及概括、总结、选取自己所需资料的能力是必备的阅读能力。

这篇习作不仅可以写祖国各地的民俗民风，也可以写自己家乡的民俗民风。如“平潭”一个家喻户晓的名字，身为平潭人有义务将自己所了解的平潭向世人介绍。教师在进行这个单元习作指导时可以向学生提供一些非连续性文本，如民间民俗（春节、元宵节、拗九节、端午节）、石头屋图片、平潭美食、藤牌操、贝雕等，还可出示一份平潭菜馆菜谱一览表（并附图片）。

菜谱名称	本地菜名	注：谐音借意
龙行天下	蒜蓉蒸龙虾	“龙虾”的“龙”
云蒸霞蔚	白灼九节虾	“霞”——“虾”
连年有余	清蒸包公鱼	“余”——“鱼”
锦绣前程	海蛎煎	“前”——“煎”（本地口语）
一团和气	八珍炒糕（稠薯粉）	“和”——“粉”（黏糊糊）
时来运转	蒸咸糋	“糋”——“时”
欢聚一堂	鱼丸汤	“堂”——“汤”
紫气东来	紫菜焖蛎	“紫菜”——“紫气”
人寿年丰	焖冬粉	“寿”长；“年”黏
天长地久	炸甜饺	“久”——“饺”（甜在后头）

指导学生根据非连续性提供的信息与感兴趣的话题，并结合平时的观察了解来介绍平潭的民风民俗，并且要融入自己浓浓的家乡情。教师有意识地给学生提供有价值的非连续性文本材料，唤起学生的记忆，激起学生对家乡民俗民风的兴趣。有了写作素材，一篇篇富有情感的文章就应运而生，《石屋情结》《水井情深》《海山风情木麻黄》《藤牌操，我喜欢你》《我爱吃的“天长地久”》……

（四）在综合性学习中尝试

综合性有两种不同的呈现形式，一种是放在单元中随单元一起学习；一种是以综合性为单元，包括“活动建议”和“阅读材料”两大部分。

以单元为单位编排的综合性学习就给学生提供了很多非连续性文本的阅读材料。在五年级上册第五组“遨游汉字王国”的综合性学习中，“有趣的汉字”的阅读材料，有：《字谜七则》，形式多样，有文字谜、画谜、动作谜等。《有趣的谐音》，包括歇后语、笑语。短文《仓颉造字》《“册”“典”“删”的来历》。

学生通过这三个非连续性文本的阅读材料，了解字谜形式。再让学生搜集或编写字谜，开展猜字谜活动，体会汉字的有趣。用《有趣的谐音》作为样本，让学生查找体现汉字谐音特点的古诗、歇后语、对联或笑话，和同学交流。从《仓颉造字》的传说中了解汉字的来历，从《“册”“典”“删”的来历》了解汉字知识，搜集有关汉字来历的资料，了解汉字的起源，感受汉字的有趣。

在“我爱你，汉字”的活动中，提供汉字的演变图表，显示几千年来汉字的演变过程。《甲骨文的发现》是真实的故事，从而了解汉字的历史；《一点值万金》短文警示我们要防止和纠正错别字；《街头错别字》图片又是一个例子，可搜集因为写错汉字、读错汉字而发生的笑话或造成不良后果的事例；策划一次社会用字调查活动，写成简单的调查报告，或写建议书等；提供诗歌《赞汉字》和《书法作品赏析》中的王羲之《兰亭序》和柳公权《玄秘塔碑》帖，以及短文《我爱你，中国的汉字》；开展搜集书法作品、办展览、练毛笔字等活动，让学生在感受汉字神奇、有趣、古老、丰富的基础上，进一步提升对汉字的感情，继承和发扬汉字文化的优秀传统。

对于综合性学习所提供的阅读材料，只能把它当成非连续性文本，为综合性学习开展活动提供材料，从阅读材料中获取可用信息，搜集相关材料，开展综合性学习。所以教师要明确综合性学习的目标和阅读材料的作用，指导学生用好阅读材料，略读、浏览，尽快获取可用信息，形成能力。

纵观语文教材，阅读教学、口语交际、习作教学对非连续性文本的链接都较少，教师要有很强的课标意识——培养学生非连续性文本阅读能力，去补充相关的非连续性文本。若是阅读教学的阅读链接或资料袋的非连续性文本再丰富，再多样，再有用些，口语交际习作教学也提供一些非连续性文本内容，这样不仅方便老师教学，而且对培养非连续性文本的阅读能力会有很大帮助。

第四章 简雅语文教学实践

水中之月，镜中之象，言有尽而意无穷。（宋·严羽）

第一节 解读：发现简雅因子

一、秋荷一滴露，清夜坠玄天——我读《小露珠》

（一）研读文本

《小露珠》是一篇集科学知识、优美语言、思想启迪于一体的优美童话，构思美、意境美、语言美……美不胜收。

1. 构思美。

顺着小露珠出现、形成、消失的线索，课文巧妙地展示了小露珠的外表美、品质美、精神美，赞扬了大自然和谐、神奇之美。

第一层是写小露珠的外表美。最主要是通过小青蛙、小蟋蟀、小蝴蝶眼里的小露珠，从侧面来反映。三个小节分别从光泽、纯净、质感细致地描绘了小露球的外表，给人一种纯洁可爱的感觉。

第二层是写小露珠的品质美，小露珠把所有的植物都“装点得格外精神”，显得“生机勃勃”，小露珠使所有的植物“格外精神”和“生机勃勃”这本身就是一种可贵，它又是以一种“润物细无声”的方式进行的，一点也不张扬，一点都不自夸。正如清代诗人龚自珍所赞颂的那样“化作春泥更护花”，更显得难能可贵。

第三层是写小露珠的精神美。当太阳初露，露珠就要烟消云散的时候，露珠没有伤感，没有哀叹，而是“笑盈盈”地说“我明天还会来的”，让人们看到了她一种文文弱弱的恬淡，一种荣辱不惊的坦荡，一种温柔平静中的刚毅。

如此三层，由表及里，由可见的外形到内在的品质，再到更为深层的精神境界，的确精妙。

2. 意境美。

小露珠悄悄地来，轻轻地走，生命如此短暂却演绎着四幅纯美的画面。画面一，从“夜幕降临”到“黎明的时候”，黄豆粒那么大的可爱的小露珠出现了。画面二，小动物们互相打招呼，将小露珠的外表美展现得淋漓尽致。画面三，在霞光中，小露珠将万物装点得更加生机勃勃，展现了大自然和谐之美，展现了小露珠的品质美。画面四，植物们依依惜别的情景，小露珠的笑盈盈，更让人敬佩不已。文中“蹦到大荷叶的小青蛙”“爬到草杆上的小蟋蟀”“落在花朵上的小蝴蝶”“披着云霞的太阳公公”“金黄的向日葵”“碧绿的白杨树”“紫红的喇叭花”“还有数不尽的鲜花嫩草”都向我们展示了大自然独有的魅力，神奇、美丽、可爱。

3. 语言美。

文章语言准确、生动、形象，充满童趣，将许多知识点蕴涵在不经意的言语中。从题目说起，“露珠”，作者加了个“小”字，这就让我们感受到了露珠的可爱、小巧、圆润。“像钻石那么闪亮”“像水晶那么透明”“像珍珠那么圆润”，写出了小露珠的美。“爬呀，滚呀”“越来越大，越来越亮”“爬着，滚着，笑着”“笑盈盈”等词表现了小露珠的可爱。除了小露珠，文中“蹦到大荷叶的小青蛙”“爬到草杆上的小蟋蟀”“落在花朵上的小蝴蝶”，“蹦”“爬”“落”三个不同的动词传神地把小动物写活了。水里的青蛙，陆地的蟋蟀，天上的蝴蝶，可见作者的用心。

4. 人物美。

这篇童话不仅具有一般童话的三个特点：①童话中的主人公大多是神仙精灵、山魔水怪、鸟兽虫鱼，他们都有超常的魔力，还能像人一样说话。②童话想象丰富，故事都很有趣。③童话还包含一定的道理，给读者有益的启示。它作为科普作品又非常尊重科学，遵循自然规律，主人公小露珠出现、形成、消失正是遵循的自然规律而展开。小露珠让小动物和植物都喜欢的原因不仅因为她的外表美，更重要的是她的品质美，乃至她的精神美。

蹦到大荷叶上的小青蛙，爬到草秆上的小蟋蟀，落在花朵上的小蝴蝶，课文通过清晨打招呼的形式写出小露珠外表的三个重要特点，闪亮、透明、圆润，同时也表现了小动物们的有礼貌、懂赞美的可爱形象。

文中的金黄的向日葵，碧绿的白杨树，紫红的喇叭花，数不尽的鲜花嫩草，因为太阳公公出来后，霞光中，小露珠“光彩熠熠”，而变得“格外精神”，显得“更加生机勃勃”。这一方面告诉我们科学知识，露水有滋润万物的作用；另一方面也尽显大自然中花草树木的勃勃生机，与小露珠告别的依依惜别之情，充分显示她们的感恩情怀。

所以文中除了小露珠光彩照人之外，小动物、植物也熠熠闪光。

（二）聚焦语用

在语文教学体系中，不能将某一篇课文孤立起来确定其教学价值，必须根据教学的整体需要，以及该课文在整个教材价值体系中所处的位置，从诸多的教学价值中选择核心价值。那么，该如何在众多的语言现象中寻找和确定课文的核心语用价值呢？我认为，应从以下几方面整体观照，甄别筛选。

1. 明确学段的目标内容。

2011年版课标对第二学段的阅读目标内容要求是：“用普通话正确、流利、有感情地朗读课文”“能联系上下文，理解词句的意思，体会课文中关键词句在表达情意方面的作用。能借助字典、词典和生活积累，理解生词的意义”“能初步把握文章的主要内容，体会文章表达的思想感情”“初步感受作品中生动的形象和优美的语言，关心作品中人物的命运和喜怒哀乐，与他人交流自己的阅读感受”“积累课文中的优美词语、精彩句段”。三年级上学期是中年级的起步阶段，语文教学中不仅要继续加强词句训练，更要加强段的训练，注重段的理解、积累与运用。

2. 领会编者的设计意图。

根据目前的教材编写体例，编入语文课本的文章均成为教材体系的一部分，承担着课程设计者赋予它的特殊使命，所以研读文本不可忽视编者意图。2011年版课标指出：“阅读教学是学生、教师、教科书编者、文本之间对话的过程。”与实验稿课标相比，阅读教学的对话维度增加了“教科书编者”。我的理解，这不是为了突出教科书编者，而是为了提醒我们应该重视编者的意图，明确文本所处的地位及其独特的作用。苏教版三年级上册《语文教学参考用书》编者在"说明"的"注意事项"的第 3 点提出"要十分重视阅读与写作的有机结合，正确处理'读'与'写'的关系，打好学生习作起步阶段的基础"，特别指出"要抓好读与写的'短线结合'，即根据课文的特点，选择适当角度，让学生通过'小练笔'，对课文从句式、段式等方面进行模仿"。

3. 确定教学的语用价值。

基于以上的认识，确定《小露珠》的语用价值。"构思美"的表达顺序是高段的目标，中段教学不能把它当成重要目标去完成。只要在初读中帮助学生厘清文章脉络，让学生有所领会即可。至于作者精巧的构思——由表及里，可以不教，第二学段学生领悟不了，也无法运用在习作实践中。"意境美""语言美""人物美"三个方面的教学是糅合在一起，通过意境美的画面教学，学习童话的语言，感受美好的人物形象。重点抓住以下三点进行语言文字训练。

（1）用"越来越……越来越……"说话。小露珠的形成和消失的第一和第四两个画面，各有一句"越来越……"的句子，根据课后第 4 题的"读句子，再用带点的词语说话"，因为根据编者设计意图，精读课文的目标制定要把课后问题作为本课教学的任务来完成。"越来越……"作为句子训练是低段的教学目标，况且用"越来越……"说话在低段也有训练，在生活中学生也不陌生，所以我认为不能作为这篇童话最主要的教学点，这在教学中放在第一课时完成。第二课时，学习第四个画面，指导学生读小露珠笑盈盈和大伙儿告别的话时，创设情境让学生填空，再检验学生是否掌握了这个知识点就行了。

（2）仿写 2—5 自然段。根据中段的阅读目标以段式为主，《小露珠》主要的语用价值点确定为学写比喻句段，小动物和小露珠打招呼的第 2—5 自然段的分总构段方式。这个段式在这篇童话中是很重要的一个文本秘妙，如果教师仅仅抓住一个比喻句来训练，说明学段的目标不够明确，因为"低段要运用词语说话、写话，抓住常用句式、有特点的句式进行迁移运用；中高年段结合文本的内容、语言、段式、文章的写法，进行语言文字运用"。所以，这个段式的教学不但要学写比喻句，准确运用动词，更重要的是要进行构段的训练。

（3）学写植物们"格外精神"的复句。在第二个画面中，写"格外精神"

的复句，这也是一个训练点。这个训练点包含在对关键词“格外精神”的理解当中，当然要看学生的程度，程度好的可以两个都进行小练笔，如果程度不太好就保证仿写比喻句段。

（三）落实实践

2011年版课标提出“让学生在语文实践中学习语言，学会学习”。我认为，技能的获得、能力的形成都离不开“实践”，要“致力于培养学生的语言文字运用能力，提升学生的综合素养”，同样离不开“语文实践”。对于“语文实践”，已有的共识是：语文实践活动，即各种形式的“听说读写”活动。实际上，这个概念包含了三个层次的“实践”取向。这三个层次既螺旋上升，又互相渗透、融为一体。

首先是认知实践，指向记忆性与方法性语言文字的习得与积累。2011年版课标在第二学段目标与内容中确定的“累计认识常用汉字2500个左右，其中1600个左右会写”“能使用硬笔熟练地书写正楷字，做到规范、端正、整洁。”“能联系上下文，理解词句的意思，体会课文中关键词句表达情意的作用”“积累课文中的优美词语、精彩句段，以及在课外阅读和生活中获得的语言材料”等，都属于认知性实践内容。具体到《小露珠》一课，则体现为：学会本课10个生字，两条绿线内的7个字只识不写，认识1个多音字；理解由生字组成的词语；联系上下文理解“格外精神”的意思。

其次是言语实践，指向学习语言文字运用。言语实践包含三个方面的含义。第一，言语实践应当以语感培养为根本。王尚文先生认为：“言语形式是语感的客观对应物。语感是人们把握言语的主要方式。”因而，语感的形式使言语实践成为可能。对于中年级学生，朗读是形成语感的重要方法之一。2011年版课标指出“教学中尤其要重视培养良好的语感”，并在第一学段的目标与内容中要求“用普通话正确、流利、有感情地朗读课文”。因此，在《小露珠》的教学中，我根据儿童喜欢表演的特点，设计了角色扮演，让学生扮演小动物，向小露珠打招呼，通过“蹦”“爬”“落”三个动词的表演，体会三种小动物不同的特点和生活习性，感受作者用词的准确；通过打招呼的情景，让学生体会打招呼的那种自然、亲切、夸赞的语言感觉。在画面三的指导朗读中，让学生用一边读一边想画面的方法，培养学生形象思维能力，从而形成语感。第二，言语实践包含口头言语实践。在中年级，“说”的要求是：能清楚明白地讲述见闻，说出自己的感受和想法。为了达到这个要求，仅仅靠一单元一次的口语交际课是不够的，还要在每一节的阅读课中训练提升。例如《小露珠》的教学，我设计了“以读带讲、引导说话”的教学环节：小露珠在变成水蒸气向空中“飘去”时，大家都依依不舍，向日葵“点头”，白杨树“招手”，喇叭花“吹奏着乐曲”，她们好像会说什么呢？在告别的情景中，引导学生从告别、感谢、赞美、学习等方面想象说话。说着说着，学生就加深理解了植物们对小露珠的喜欢之情，从而使小露珠的形象更丰满。第三，语言实践也包含书面言语实践。书面言语实践可以对应第二学段的习作。第二学段习作的目标与内容，要求学生“尝试在习作中运用自己平时积累的语言材料”。教材所选的课文都是文质兼美的好文章，《小露珠》更是一篇积累语言材料的范文。因而我在《小露珠》的教学中设计了两个写段训练。一是仿写学写2—5自然段，二是学写植物们“格外精神”的复句。

再次是审美实践，指向学生的精神成长。2011年版课标明确要求，要在语文学习过程中，培养学生健康的审美情趣。具体到《小露珠》一文，其精神层面的审美价值在于感受小露珠的外表美、心灵美、品质美。要获得这样的审美认识，体验是必经之路。这里的体验就是审美实践。这种审美实践渗透在教学的各个环节，例如上文提到的角色扮演、仿写比喻句段、想象说话，都是审美实践。

落实语言实践，关键要教师钻研教材，把握学段目标，找准语用价值，在教学过程中，做到面向全体，坚持自主合作，让学生自己读书，自己思考，要让学生真读、真思、真议、真练，让学生经历真实的学习过程，从而提高语文核心素养。

附：《小露珠》片段教学设计

教学目标：能正确、流利、有感情地朗读课文，背诵课文；学会本课10个生字，两条绿线内的7个字只识不写，认识1个多音字，理解由生字组成的词语；会用“越来越……越来越……”造句；学写比喻句段；明白小动物和植物都喜欢小露珠的原因，感受小露珠的美丽和大自然的和谐。

教学过程：

一、小露珠的外表美

1. 整体感知，探究原因。

小动物为什么喜欢小露珠？请大家大声朗读2—5自然段一遍。

2. 学习比喻句。

多媒体出示比喻句段。

①全班齐读。

②引导学生认识分总段式。

③完成课堂练习一：

小露珠和钻石相像的地方是它们都是________的。

小露珠和水晶相像的地方是它们都是________的。

小露珠和珍珠相像的地方是它们都是________的。

④请看图片，你们真了不起，两个事物有相像的地方才能用来比喻，请你在相像的词下面加点。

⑤指导朗读，指导背诵。

⑥生活中还有哪些事物是闪亮的、透明的、圆润的？

3. 学习准确用词。

①请学生扮演小青蛙、小蟋蟀、小蝴蝶，和老师扮演的小露珠打招呼，注意学生三个动作词表演是否到位。

②出示句子。学习准确用词。

③还有哪些小动物也喜欢小露珠？

4. 学写总分段式。

完成课堂练习二：

“早哇，像（　　）那么（　　）的小露珠。”（　　）到（　　）的（　　）对小露珠说。

“早哇，像（　　）那么（　　）的小露珠。”（　　）到（　　）的（　　）对小露珠说。

“早哇，像（　　）那么（　　）的小露珠。”（　　）到（　　）的（　　）对小露珠说。

小动物们都喜欢小露珠。

二、小露珠的心灵美

1. 整体感知，探究原因。

那么植物为什么也喜欢小露珠呢？请大家默读第6、7自然段。

2. 理解“格外精神”，仿写句子。

①看图片理解。

②联系生活实际理解。

③联系上下文理解。

出示句子：

金黄的向日葵，碧绿的白杨树，紫红的喇叭花，还有数不尽的鲜花嫩草，都像俊俏的小姑娘戴上了美丽的珠宝，显得更加生机勃勃。

a. 哪些词语写了有了小露珠的滋润这些植物格外精神。用笔圈一圈。

b. 指导朗读。

c. 全班齐背。

d. 仿写句子：①换几种植物你也会说吗？②引导看图：小青蛙、小蟋蟀、小蝴蝶被美丽的小露珠所陶醉，心里充满了快乐。用比喻句说一说。小组合作完成课堂练习三：

（　　）的（　　），（　　）的（　　），（　　）的（　　），都像（　　　　　　　　）。

3. 以读带讲，引导说话。

①过渡：小露珠爬着、滚着、笑着。她感到有一股热气袭来。渐渐地，太阳公公散发的热量越来越大，小露珠的身子也越来越轻了。她渐渐地变成了水蒸气，向空中飘去。大家舍得她吗？

你们看：（生读）向日葵向她点头，白杨树向她招手。

你们听：（生读）喇叭花动情地吹奏着乐曲。

她们好像会说……教师引导从告别、感谢、赞美、学习等方面想象说话。

②引读“我明天还会来的”。

师：小露珠也舍不得大家，她笑盈盈地说。（生读）

师：小露珠也和大家告别，她笑盈盈地说。（生读）

师：小露珠变成水蒸气（越升越高），离大伙儿（越来越远），声音（越来越小）。（生读）

4. 质疑：课文学到这里，你有什么问题想问的吗？预设：小露珠要消失了，她为什么还会笑了？

二、横看成岭侧成峰，远近高低各不同
——我读《特殊的葬礼》和《大瀑布的葬礼》

2006 年 5 月 23 日，我在我校课题研讨活动中执教苏教版四年级下册的精读课文《特殊的葬礼》。2009 年 10 月 22 日，我作为市级骨干教师送教下乡，根据要求，选课要随教学进度，六年级上册第 8 周进度刚好教略读课文《大瀑布的葬礼》。虽然课题不同，但课文内容几乎相同。有的教师可能会想，这下可好，不用备课，把以前的课再上一遍，多省事啊。有这种想法的教师把精读课文和略读课文的教学混为一谈了。年级不同，教学要求就不一样，更何况课型不同，教学过程更是完全不同。通过两课的公开教学，我认为精读课文和略读课文教学最重要的有以下三点不同。

（一）教学目标不同

教师要依据《语文课程标准》的学段目标和教师用书的教材说明，结合课后思考练习，制订精读课文的教学目标，结合课前连接语，制订略读课文的教学目标。下面我们列个表格做个比较：

	《特殊的葬礼》	《大瀑布的葬礼》
学段目标	1. 用普通话正确、流利、有感情地朗读课文。 2. 积累课文中的优美词语、精彩句段。 3. 体会文章表达的思想感情。	1. 能用普通话正确、流利、有感情地朗读课文。 2. 默读有一定的速度，默读一般读物每分钟不少于 300 字。 3. 在交流和讨论中，敢于提出自己的看法，作出自己的判断。
教材说明	要坚定不移地引导学生进行语言的积累与运用。	全面、准确地落实语文教学目标中的“继续学习用较快的速度读课文”。其中“展开联想和想象”“读课文时能联系实际，深入思考”是本册的学习重点。
课后思考练习或课前连接语	在葬礼上，菲格雷特总统的讲演饱含深情，动人心弦。请你根据课文内容，试着写写这篇演说词。	用比较快的速度读读下面的课文，想一想是什么原因造成了塞特凯达斯大瀑布的悲剧，想象大瀑布以前和现在的不同景象，再联系实际和同学交流读了课文后的感想。

两篇类似的课文，一篇放在苏教版的四年级下册，是精读课文，一篇放在人教版六年级上册，是略读课文。我认为，根据学段目标、教材说明与课后思考练习，中年级阅读教学的目的就是培养学生朗读课文、积累运用语言、体会文章情感等语文素养。学生到了六年级已经有能力自学自悟，自己读懂，所以只要在描写大瀑布今昔不同景象的重点段落稍作指导，学生就能达到有感情地朗读课文的要求，至于课文部分，学生自己就能用较快的速度阅读课文，了解内容，并在教师的引导下交流自己的看法。所以，两课的教学目标就可以分别确定为：

年级课型课题	教学目标
四年级下册精读课文《特殊的葬礼》	1. 能正确、流利、有感情地朗读课文。 2. 在朗读中积累语言、感悟语言，从而发展语言能力。 3. 读中体验，认识到保护环境的重要性，激发保护环境、爱护地球的思想感情。
六年级上册略读课文《大瀑布的葬礼》	1. 能用较快的速度阅读课文，了解课文内容。 2. 有感情地朗读课文，想象大瀑布今昔的不同景象，了解造成瀑布悲剧的原因。 3. 能联系实际交流感想，增强环境保护的意识。

当然，教学目标的制订除依据学段目标、教材说明、课后思考练习或课前连接语之外，还要考虑单元目标和单元中的交流平台、口语交际、习作要求等因素。因为教材各个部分围绕专题内容组织是互相联系的。制订教学目标时要考虑到它们之间的关系，以全面推进学生语文各项语文能力的发展。

（二）教学过程不同

苏教版四年级下册《特殊的葬礼》的教学过程如下。

第一环节　问题驱动，习得语言

1. 师：上节课我们初读了《特殊的葬礼》，谁能用“因为……所以……”这个关联词说说你知道了些什么？

2. 师：这节课，就让我们走进课文，一起去哀悼即将消亡的塞特凯达斯瀑布。

第二环节　注重体验，感悟语言

1. 品读第3自然段。

(1) 播放大瀑布录像。学生看录像，评价瀑布。

(2) 课文怎样赞美瀑布？学习第 3 自然段，找出赞美瀑布的词语。

(3) 指导朗读。

(4) 学生自选音乐片段配乐朗读。

2. 品读第 5 自然段。

(1) 出示大瀑布枯竭后的三张照片，请学生谈体会。

(2) 出示课后句子，指导朗读。

(3) 请学生想象瀑布会对人们说些什么。

(4) 用引读的方式让学生理解大瀑布枯竭的原因。

第三环节　巧设平台，发展语言

1. 巴西总统在巴拉那河上为瀑布举行葬礼的目的是什么呢？

2. 学写演说词。交流反馈。

3. 师生齐听巴西总统演说，哀悼塞特凯达斯瀑布。

这节课始终不忘教学目标，引导学生积累语言，感悟语言，运用语言。学生如何习得语言？运用课文的语言来表达是条捷径。用关联词“因为……所以……”汇报第一课时学习情况，这个环节是在第一课时的反复地读，用读来丰富语言积累的基础上的一个巧妙设计，训练学生在课文中迅速寻找与之匹配的内容，连成句子，进行语言的再创造。所以这个关联词就像是条红绳，串起了一颗颗熠熠闪光的珍珠。

第二个环节，让学生看大瀑布的录像，唤起学生学习课文语言的欲望，看后再赞美瀑布，学生就会妙语连珠，并且也为后面写演说词做准备。出示枯竭后的瀑布课件和品读课文相关段落，学生自然产生失望、悲伤、愤怒等强烈的情感。这时教师不失时机地让学生通过“说”和“读”把情感表达出来。言语实践和悟意入情水乳交融，学生在实践中感悟，感悟又促进学生更好地实践。

最后一个环节巧搭学写演说词的平台，让学生在这个平台上与文本对话。这个充满挑战的平台已超越了教材，跨越了时空，学生将对瀑布的热爱与同情，对环境的忧虑通过自己的言语尽情地表达出来。这都是因为，之前大量的言语实践，使学生能够灵活运用文中的重点语言；之前的课文学习，已经铺垫了良好的情感基调。

人教版六年级上册《大瀑布的葬礼》的教学过程如下。

第一环节　制订学习菜单，引导学生独立学习

1. 导入新课，齐读课题。

2. 指名读课前连接语，根据课前连接语，指导学生制订学习菜单。

(1) 出示学习菜单。

A. 用较快的速度阅读课文，了解课文讲了一件什么事。

B. 再次速读，找出大瀑布今昔不同景象和造成这种变化的原因的相关段落，边读边想象大瀑布今昔的不同景象。

C. 联系实际，和同学交流读了课文后的感想。

(2) 教师为学生独立学习提建议。

(3) 学生根据学习菜单，开展独立学习。教师巡视指导。

第二环节　适度指导，反馈评价

1. 了解课文内容。

2. 对比想象，真情感悟。

(1) 走近昔日瀑布，引导想象。

(2) 走近今日瀑布，真情体验。

(3) 探究原因。

第三环节　回顾写法，模仿练笔

1. 快速回顾全文，想想课文在写法上有什么特点。

2. 用今昔对比的表达方法写演讲词。

这节课紧紧抓住略读课文的性质（半独立阅读）和目标（培养独立阅读能力）进行教学，“制订学习菜单，引导学生独立学习”是重要环节。学习菜单以任务的方式呈现略读课文的教学内容，它既是学生独立读书、思考和练习的选项，也是教师组织学生讨论、交流、评价的内容和依据，学习菜单的制订很有讲究。教师指名读课前连接语，其余学生用A、B、C标出连接语提出的略读要求，教师再根据教学目标引导学生共同制订出切实可行的学习菜单。学习菜单的内容都是根据教学目标安排的：第一个环节抓住了文章的重点，把握连接语，激发学生保护地球的情感。第二个环节突出了能力的训练点——快速阅读、想象，联系实际谈感想。第三个环节，高年级学生学习表达方法尤为重要，不但要知道文章写什么，还要知道文章怎么写。这篇文章

的写法特点主要有今昔对比，首尾呼应，学生学习了就要运用，所以设计了第三个环节——回顾写法，模仿练笔。学习菜单的难易程度也适当，例如第3题，联系实际和同学交流读了课文后的感想，如果学生不经读书、思考，根本无法交流，但通过努力也能独立完成。

（三）师生角色不同

《特殊的葬礼》这一课，学生在教师的指导下学习。

师：我相信瀑布的美丽已经深深地印在我们的心里。可是有谁会想到，所有的一切我们再也看不到了，它成了我们记忆中一个美丽的梦。我真的不忍心看它现在的样子。

（播放大瀑布枯竭后的三张照片。学生看完后个个神情凝重）

师：看完后，你们心里是什么滋味？

生：悲伤、痛心、愤怒。

生：瀑布滔滔不绝，一泻千里的景观，和现在奄奄一息的状况一对比，我感到十分震惊。

师：看看课文的第5自然段，安安静静地默读它，把描写瀑布现在样子的语句用横线画下来。

（生默读，画句子，作反馈，课件出示以枯竭的瀑布为背景的句子：它在群山之中无奈地低下头，像生命垂危的老人奄奄一息，等待着最后消亡）

师：谁来读一读？

（生读，师评读，生再读。师再指名读，师范读）

师：从这个句子中，你仿佛看到了什么？

生：我仿佛看到了瀑布枯竭后的样子。

生：那雄伟的瀑布已离我们远去了，我们看到的是那枯竭的瀑布。

生：我仿佛听见瀑布在呐喊：凶残的人类快收手吧！

生：我仿佛看到塞特凯达斯瀑布像生命垂危的老人那样奄奄一息。

（板书——今：奄奄一息）

师：（动情地）是啊，瀑布就像一位慈祥的老人，刚才还在亲切地和你讲着故事，和你在夜幕下数着星星，他沙哑的话语还在耳畔，他抚过的脊背依然温暖，可是他的手一滑，闭上眼睛远去了，我们再也见不到他。

（女生深情地读课文）

师：同学们，如果你是奄奄一息的瀑布，会对人们说些什么？

生：可恶的人类，停止你们的行为吧！否则，地球上的最后一滴水，将是你们的眼泪。

生：贪婪的人类停止吧！放下手中的屠刀，我们只有一个地球，我们应该珍惜这个美丽的世界。

在精读课文中，我“扶”得多，“导”得细：出示大瀑布枯竭照片，导出学生的悲痛心情；引导学生读第 5 自然段，画出描写瀑布样子的语句；指导朗读时再引导他们在读中想象瀑布样子，想象瀑布会对人们说些什么。在“扶”中让学生学习阅读方法：朗读、想象、体会情感。

而在略读课文《大瀑布的葬礼》的教学中，教师的角色定位应为教练和导师，半扶半放，既不能指导过细，也不能完全放手。

这一课，在指导学生制订学习菜单后，我就安排足够的时间让学生独立学习，保证这一环节成为略读课文教学的重要环节。学生的独立性得以体现，独立阅读能力得以培养。但是这里的独立学习，是在教师的适度指导下学生的自我实践。例如，我根据教学目标制订学习菜单，并在学生独立学习之前提示学习方法：快速阅读、边读边想象、联系实际交流等。学生根据学习菜单独立学习时，我要巡视指导，便于学生遇到问题举手提问时回应。在这一环节，教师还可以在四人小组中，选取小组长以便“兵教兵”。在组织交流、评价这一环节，我的“扶”更不能少。最后，我还要引导学有余力的学生承担更多的学习任务。

总之，在教学中，精读课文对课文内容的理解要求高，略读课文对课文内容的理解要求低，精读课文要引导学生学习知识与方法，略读课文要让学生运用在精读课文中获得的知识与方法，自主地把课文读懂。

附 1：《特殊的葬礼》教学实录及评析

尝试在语言运用中

——苏教版四年级下册《特殊的葬礼》课堂实录与评析

一、问题驱动，习得语言

师：上节课，我们初读了《特殊的葬礼》，谁能用“因为……所以……”说说你知道了些什么？

生：因为这场葬礼不是为人而举行的，而是为瀑布举行的，所以它特殊。

生：因为瀑布的壮观景象，所以吸引世界各地的许多游客。

生：因为瀑布周围的许多工厂用水毫无节制，浪费了大量的水资源，又因为沿河两岸的森林被乱砍滥伐，所以瀑布才逐渐枯竭。

生：因为塞特凯达斯瀑布曾经是世界上流量最大的瀑布，即将消失，所以巴西总统要为瀑布举行葬礼。

（评析：汇报第一课时学习情况时，我用关联词“因为……所以……”引导学生进行言语实践。学生在课文中迅速寻找与之匹配的内容。这个关联词就像是条红绳，串起了颗颗熠熠闪光的珍珠。）

二、注重体验，感悟语言

师：这么长的话说得这么流利，太棒了。那么，同学们想看一看美丽壮观的塞特凯达斯瀑布吗？好！

（播放大瀑布录像）

师：流连忘返的小游客，赞美一下瀑布吧！

生：瀑布滔滔不绝，一泻千里。

生：瀑布像一头凶猛的雄狮，直冲大地。

师：说得还行。现在我们赶紧看书的第3自然段，看看书上用了哪些词来赞美瀑布。可以大声、自由、有感情地朗读这个自然段，然后拿起笔来在你认为是赞美瀑布的词下面加点。开始。

（生自由读，找词，反馈；师在实物投影的书上加点）

生：雄伟壮观、滔滔不绝。

师：动情一点说。

生：（动情地）一泻千里。

师：有气势。

生：咆哮而下。

生：流连忘返。

师：同意吗？

生：不同意。流连忘返是说游客对瀑布的感受，不是赞美瀑布的。

师：写游客的感受，其实也间接地写出瀑布的壮观。

生：汹涌，从天而降，巨大的水帘。

师：从这段话中你读懂了什么？

生：昔日的塞特凯达斯瀑布是多么的雄伟壮观。

（师板书。昔：雄伟壮观）（生写在段落的旁边）

师：你还读懂了什么？

生：昔日的塞特达斯瀑布吸引了世界的许多游客。

生：塞特达斯瀑布是世界上流量最大的瀑布。

师：我们能把雄伟壮观的瀑布读出来吗？

（多媒体出示句子：汹涌的河水从悬崖上咆哮而下，滔滔不绝，一泻千里）

师：能把这种气势读出来吗？

（生读）

师：我想，他应该是全班最好的吧？没有超过他的吧！

（生不同意，争着读，一个、两个，两组，学生读得气势磅礴）

师：我们为这个瀑布、这句话来配配音好吗？

（播放三段音乐，第一段《秋日的私语》，第二段《二泉映月》，第三段《命运》）

师：用哪一段音乐配最合适，为什么？

生：用《命运》，因为塞特达斯瀑布是汹涌的，《命运》节奏感强，高昂的音乐能体现汹涌的气势，所以用《命运》来配最合适。

师：那我们用这段音乐来配配我们的朗读。

（全班配乐齐读，声势浩大）

师：读了课文，我们再来赞美一下瀑布。

生：瀑布巨大的水帘从天而降，在地面上掀起一团的雾，仿佛白链腾空，水花四溅。

（生鼓掌）

生：瀑布像发疯的野马，咆哮而下。

师：能结合课文的句子来赞美一下。

生：汹涌的河水从悬崖上咆哮而下，滔滔不绝，一泻千里。

生：美丽的瀑布似千万条巨龙飞流直下，直扑潭中，溅起了无数水花，如烟，如雾，美丽极了。

（生热烈鼓掌）

师：我相信瀑布的美丽已经深深地印在我们的心里。可是有谁会想到，所有的一切我们再也看不到了，它成了我们记忆中一个美丽的梦。我真的不忍心看它现在的样子。

（放大瀑布枯竭时的三大张照片，生看完后个个神色凝重）

师：看完后，你们心里是什么滋味？

生：悲伤、痛心、愤怒。

生：我感到震惊。因为原来那瀑布滔滔不绝，一泻千里的景观，和现在奄奄一息对比，我感到十分震惊。

师：看看课文的第5自然段，安安静静地默读它，把描写瀑布现在样子的语句用横线画下来。

（生默读，画句子，反馈。多媒体出示以枯竭的瀑布为背景的句子：它在群山之中无奈地低下头，像生命垂危的老人奄奄一息，等待着最后消亡）

师：谁来读一读？

（生读，师评读，生再读，师再指名读，师范读，生鼓掌）

师：从这个句子中，你仿佛看到了什么？

生：仿佛看到了瀑布干枯的样子。

生：那雄伟的瀑布已离我们远去了，我们看到的是那枯竭的瀑布。

生：我仿佛看见瀑布是多么可怜。

生：我仿佛听见瀑布在呐喊：凶残的人类快收手吧！

生：我仿佛看到塞特凯达斯瀑布不像昔日那样雄伟壮观，而是像生命垂危的老人那样奄奄一息。

（板书。今：奄奄一息）

师：（动情地）是啊，瀑布就像一位慈祥的老人，刚才还在亲切地和你讲着故事，和你在夜幕下数着星星。他沙哑的话语还在耳畔，他抚过的脊背依然温暖，可是他的手一滑，闭上眼睛远去了，再也见不到他。

（女生深情地读）

师：同学们，如果你是奄奄一息的瀑布，会对人们说些什么？

生：可恶的人类，停止你们的行为吧！否则，地球上的最后一滴水，将是你们的眼泪。

师：广告词啊！

（生鼓掌）

生：停吧，停止吧，可恶的人类。要不然地球妈妈会报复你们的。

生：贪婪的人类停止吧！放下手中的屠刀，我们只有一个地球，我们应该珍惜这个美丽的世界。

师：（引读这句话）正是由于瀑布周围的许多工厂用水毫无节制，浪费大量的水资源，所以……

（生读：它在群山之中无奈……等待最后的消亡）

师：正是由于沿河两岸的森林被乱砍滥伐，造成水土大量流失，所以……

（生读：它在群山之中无奈……等待最后的消亡）

师：正是由于水量逐年减少，所以……

（生读：它在群山之中无奈……等待最后的消亡）

（评析：言语实践始终置于浓郁的情感氛围之中。首先借用录像帮助理解了“咆哮而下、一泻千里”等词，当学生通过朗读体验到大瀑布的雄伟壮观后，老师进一步要求学生结合文中的语言赞美瀑布，将对塞特凯达斯瀑布的热爱推向极致。紧接着，出示枯竭后的瀑布课件和品读课文相关段落，学生自然产生失望、悲伤、愤怒等强烈的情感，教师不失时机地让学生通过“说”和“读”把情感表达出来，课堂在这情感的激烈碰撞中进入高潮。言语实践和悟意入情水乳交融，实践中感悟，感悟又促进学生更好地实践。）

三、巧设平台，创造语言

师：同学们，巴西总统在巴拉那河上为瀑布举行葬礼的目的是什么呢？

生：目的是号召我们立即行动起来，保护生态环境，爱护我们赖以生存的地球，使大瀑布悲剧不再重演。

师：你找到课文的最后一句。

生：保护环境，爱护地球。

（板书：保护环境）

师：你如果是巴西总统，对着巴西人民包括几十名生态学、环境学的专家做演说，你会怎么讲？写一写演说辞。

（生写演说辞，师巡视指导，约 8 分钟开始演说）

生$_1$：各位来宾们，你们知道塞特凯达斯瀑布吗？昔日的它多么壮观，巨大的水帘从天而降，滔滔不绝，一泻千里，在地面上腾起一阵云雾，仿佛白练腾空，银花四溅，多少游客在它面前流连忘返，赞叹不止。可如今，它却如此惶惶，如此枯竭，是谁，是谁把它弄得这样难堪？不是别人，正是我们贪婪的人类，是我们，是我们乱砍滥伐，是我们，是我们，浪费水源。停止吧，保护生态环境，爱护每一滴水，因为我们赖以生存的地球只有一个。谢谢！

师：林老师感动极了，他能运用书中的句子把昔日、今日的瀑布都说了，还呼吁人们要怎么做。

生$_2$：塞特凯达斯瀑布曾经是世界上流量最大的瀑布。

师：对谁说的？谁来帮助他？

生$_2$：各位来宾们。

师：还可以怎么称呼？

生$_2$：同志们。

师：（笑）外国人不用同志们这个称呼。

生$_2$：女士们，先生们。

师："女士们，先生们"，送给你，你喜欢吗？

生$_2$：女士们，先生们，塞特凯达斯瀑布曾经是世界上流量最大的瀑布。为什么会枯竭？是因为人们乱砍滥伐才使它奄奄一息了。如果人类还不停止的话，地球将以千万场的灾难来报复人们。

生$_3$：亲爱的来宾们，昔日的塞特凯达斯瀑布多美啊，真是"飞流直下三千尺，疑是银河落九天"。如今，这雄伟壮观的景观竟不辞而别，它在群山之中无奈地低了头，像生命垂危的老人奄奄一息。亲爱的巴西人民，你们早点醒悟吧，放下手中的斧头。一起建设我们美丽的家园吧！谢谢。

（生鼓掌）

生$_4$：敬爱的巴西人民：你们大多都和我一样怀着沉痛的心情来参加这次葬礼吧！塞特凯达斯瀑布曾经给我们带来了无穷无尽的欢乐。它的气势如万马奔腾，它是世界人民的骄傲。但如今它已无法抵挡人类疯狂的行为，奄奄一息，痛苦地呻吟着。过不了多久，它将完全干枯，成为我们心目中一场美好的梦。我在此代表无数热爱大自然的人们，给予那些破坏环境的人一次警

告。收手吧！地球只有一个，让我们好好爱护。否则，大自然将会以百倍、千倍，甚至万倍来报复我们。（掌声响起）

师：现在我们来听一听巴西总统的演说，一起哀悼塞特达斯瀑布。

（播放演讲词）

师：听了演说辞，如果觉得自己的演说还不够精彩，就改一改。

（下课）

（评析：我用课文空白点，构建了一个总统演说的生活情境，要求学生在短时间内拿出演说稿并现场演说，这对一个小学生来说是个挑战。这堂课，学生能挑战成功，一是因为学生之前大量的言语实践，对文中的重点语言已能灵活运用；二是之前的课文学习，学生已有了很好的情感铺垫。于是，一个充满挑战的平台产生了，学生在这个平台上与文本对话，对话的实质已超越了教材，跨越了时空。他们激情澎湃，将对瀑布的热爱与同情、对环境的忧虑通过自己的言语尽情地表达出来。这样的平台是充满智慧的，教师不再是教材的解读者，教案的执行者，而是一个善于创设情境，富有教育机智的人，他不单单是传授知识，更多的是唤醒学生的创造力，提升学生的思维品质。）

附2：《大瀑布的葬礼》教学设计

教学目标：

1. 能用较快的速度阅读课文，了解课文内容。

2. 有感情地朗读课文，想象大瀑布今、昔的不同景象，了解造成瀑布悲剧的原因。

3. 能联系实际交流感想，增强环境保护意识。

教学准备：课件、演讲词格式稿

教学过程：

一、自定学习菜单，独立学习

1. 导入新课，板书课题，全班齐读课题。

2. 指名读连接语，明确学习任务。

3. 出示学习菜单。

①能用较快的速度阅读课文，了解课文讲了一件什么事。

②再次速读，找出描写瀑布今、昔不同景象和变化原因的段落，边读边想象瀑布今昔的不同景象。

③联系实际和同学交流感想。

4. 指名读学习菜单。

5. 教师的建议。

①阅读课文要用较快的速度，也就是一目十行地浏览。

②找“今、昔、原因”的段落，找到了分别在段前写上。

③除了边读边想象之外，可以在这几个找到的段落里，边勾画边批注。

④三道题先独立学习，然后在小组里交流。

6. 学生根据菜单，开展独立学习，教师巡视指导。

二、适度指导，反馈评价

（一）了解课文内容

1. 谁知道课文讲了一件什么事？

2. 出示口头填空，引导概括主要内容。

在________洲的________与________两国交界处，有一条________河，河上有一条世界著名的________大瀑布。由于________________，这条大瀑布面临__________，1986 年 9 月，当时的巴西总统________亲自为这条瀑布________。

3. 指导难读的地名人名：塞特凯达斯大瀑布、菲格雷特。

（二）对比想象，真情感悟

1.“今、昔、原因”的段落都找到了吗？

2. 你能把描写“今、昔”的两个自然段概括成两个词吗？（板书：雄伟壮观、奄奄一息）

（奄奄一息：只剩下一口气，形容临近死亡和瀑布只剩下一条小小溪流，很相近、形象）

（三）走进昔日的瀑布

1. 你们是从哪些语句感受到瀑布的雄伟壮观呢？为什么？

2. 出示句子：“这条瀑布曾经是世界上流量最大的瀑布，汹涌的河水紧贴悬崖咆哮而下，滔滔不绝，一泻千里。”

3. 指导朗读。

①请两名同学读前两个短句，全班读后两个短句。

②要读出气势，老师带大家认识音乐中的渐强、渐弱两个符号“＜”“＞”你认为要用哪一个？

③同学们还有没有发现，这里的标点符号和平时用法有什么不同？对，平时我们在几个词语中都用上顿号，这里用上逗号，说明我们在朗读中停顿要久一点。

④教师范读。

⑤请推荐两名班上朗读最优秀的学生，一名女生，一名男生，女生先读到第一个逗号处，男生再接着读到第二个逗号处，然后全班齐读。

4. 读着读着，你眼前仿佛出现怎样的大瀑布？可以用上课文的词语和句子说说。

5. 想看看塞特凯达斯大瀑布昔日雄奇、壮美的景象吗？（播放录像）

过渡：同学们，这样雄奇的景观怎不令人陶醉，怎不令人流连忘返。但仅仅几年时间，瀑布却见不到昔日的雄奇气势。（放瀑布枯竭的图片）

（四）走进今日的瀑布

1. 出示句子：它在群山之中无奈地垂下了头，像生命垂危的老人，形容枯槁，奄奄一息。（全班齐读，适时指导朗读）

2. 看着即将枯竭的大瀑布，读着这样形象的句子，你的心情是怎样的？

探究原因：

1. 是什么原因造成塞特凯达斯大瀑布的悲剧？用一、二、三分点概括。

2. 菲格雷特总统为什么要举行这个特别的葬礼？请你用上课文的语句来回答。把这两句话概括成八字就是：保护环境，爱护地球。（板书）

3. 同学们，环境问题在我们的生活中已经越来越严重：（出示相应图片）漂满垃圾的小河、对森林的滥砍乱伐中毁灭、血淋淋的捕鲸图、被严重污染的城市、肆虐的沙尘暴。同学们，这是人类无节制地浪费资源，破坏环境造成的。

4. 作为一名小学生，我们应该怎样保护环境、爱护地球呢？让我们一起来交流一下感想。

三、回顾写法，模仿练笔

1. 快速回顾全文，想想课文在写法上有什么特点。

2. 学习作者的今昔对比表达特点，为菲格雷特写演讲词。

演讲词格式：

女士们、先生们、朋友们：

今天，我们____________________________。也许你们不会忘记，__________________________，可是现在，_____________________________。这一切，都是谁的错？

塞特凯达斯瀑布没有错！巴拉那河也没有错！错的是________。女士们、先生们、朋友们，为了不让这样的悲剧重演，我们______________________。塞特凯达斯瀑布，你安息吧！你那雄伟壮观的身姿将永远刻在我们心中！

（生动笔，师巡视，写后交流）

师生看板书，共同总结：同学们，谢谢你们，你们真情的话语会永远留在我们心中，让我们永远记住《大瀑布的葬礼》，永远记住“保护环境，爱护地球”的郑重承诺。

三、知之者不如好之者，好之者不如乐之者
——我读三年级上册预测单元

为提高学生的阅读效率，培养学生运用阅读策略的意识和基本能力，统编教材从三年级开始有目的地编排了四个阅读策略单元：三年级上册“预测”单元、四年级上册“提问”单元、五年级上册“提高阅读的速度”单元、六年级上册“有目的地阅读”单元。教材通过四个单元的集中学习，引导学生获得必要的阅读策略，使他们成为积极的阅读者。简雅教学从两方面解读三年级上册的预测策略单元。

（一）精准明确编排意图

预测策略单元在单元的导读页明确提出语文要素，有尝试实践的“一边读一边预测，顺着故事情节去猜想”，有提示方法的“学习预测的一些基本方法”，还有指向表达的“尝试续编故事”，然后以单元为整体有序地编排了课文内容，阅读活动和交流平台等。

1. 课文内容：从学到用预测策略

预测单元安排了一篇精读课文、两篇略读课文，精读课文意在示范预测策略；略读课文引导学生尝试运用预测策略，体现出从学到用的编排思路。

其中，精读课文《总也倒不了的老屋》用反复的手法推进情节发展，把预测的基本方法藏在旁批和课后练习中。

课文中的旁批都是根据真实的阅读心理所做的预测，如一个熟练阅读者呈现阅读思考的过程。他以学习伙伴的身份示范怎样运用阅读策略，提示学生可以在题目、图画、故事内容中预测，可以预测故事的情节、故事的结局等。

课文有 7 处旁批，提示学生可以在什么地方、依据什么来预测。对题目的旁批，提示可以在看到题目时，结合已有的阅读经验进行预测；对插图的旁批，提示可以在看到插图时进行预测；对故事内容的旁批，提示可以根据故事的发展和结局，结合生活经验和生活常识进行预测。

如文中多次出现“好了，我到了倒下的时候了”这句话，在老屋第三次说这句话的时候，旁批中呈现了学习伙伴读到此处做出的预测：“一读到这句话，我就知道，一定又有谁来请老屋帮忙了。”这既是从故事内容的角度，也是从语言表达的角度做出的预测，相同的语句反复出现，可以推测出后面的故事情节可能和前面的情节大体相似。教科书在设计时，特地在这关键之处作了分页处理，给学生的阅读留下更多的思考空间，让学生有充分的时间预测后面的故事内容。

课后练习都围绕预测这一教学重点展开。第一题指向预测意识的唤醒，引导学生一边阅读，一边预测，并相互交流各自预测的内容。第二题引导学生了解这些预测是怎样得出来的，与课文旁批的内容相呼应。表格中举了两个例子，分别列出“故事里的内容”是什么，“生活经验和生活常识”是什么，通过这两个例子告诉学生应该怎样预测，提示学生不能随意猜测，不能毫无根据地预测，强调学生是积极的参与者，要充分运用已有的生活经验，要关注细节，充分获取文本信息。

这篇精读课文还通过泡泡对话的形式提示学生：可以根据文章的题目、插图和文章内容里的一些线索进行预测，预测的内容可能跟故事的实际内容一样，也可能不一样，不必过于计较预测结果正确与否。这一提示旨在鼓励学生大胆地进行预测，因为预测没有对错之分，不要因为预测错了而感到沮丧。不论预测的内容与课文内容是否一致，都是一个愉悦的阅读体验过程。

事实上，课文的旁批中也特意呈现了预测的内容与课文内容不一致的情况，如在读到小鸡向老屋发出请求的时候，学习伙伴猜想“老屋可能会不耐烦了”，这是非常真实的阅读思维过程。学生在运用预测策略的时候，如果所预测的内容与课文内容一致，他们将会获得阅读的成就感，激发起强烈的阅读动机；如果所预测的内容与课文内容不一致，他们也会因为故事的出乎意料而产生强烈的情绪体验，从中感受到阅读的巨大乐趣。

课文配有两幅插图。第一幅图中的老屋以老人形象出现，额头布满皱纹，面容慈祥，孤独破败，小猫正仰着头与老屋说话。学生在阅读中会自然地联想插图展开相应情节的想象，还可以在相似情景中将小猫换成老母鸡、小蜘蛛，从而大胆预测后面的情节。第二幅图是小蜘蛛在老屋屋檐下织网捉虫的情景，老屋保护着小蜘蛛。学生可借由插图的变化，预测故事情节的发展。

阅读的过程无法观察，教科书中还引导学生将自己的思维过程说出来，如与同学交流自己是怎样运用预测策略的，在阅读过程中想到了什么，将阅读的思维过程通过口头语言加以描述，将思维过程可视化。如果学生之前没有读过课文，可以引导学生一边读一边交流：“你觉得接下来会发生什么?”如果学生之前已经读过课文，可以引导学生回顾自己的阅读思维过程，说一说“在读到某处的时候，我猜后面可能会发生什么……结果真的是这样”，或者“结果原来不是这样”。

教师在教学时，可以将学生的自主交流和旁批的学习结合起来，也可以以阅读者的身份参与交流，说说自己读到某处的时候，猜到了后面可能会发生什么，以这种方式与学生进行平等交流，以自己的阅读经验启发学生，丰富学生的认知图式。

教科书中安排了两篇略读课文《胡萝卜先生的长胡子》和《不会叫的狗》，意在提供机会引导学生运用预测策略进行阅读，尝试一边阅读一边预测，主动监控自己的阅读过程。这两篇课文有一个共同特点，就是采用了特殊的编排形式，都没有在教科书中呈现完整的故事内容，而是特地把故事结局隐去，用省略号的方式加以呈现，将故事结局留给学生预测，体现对预测策略的充分运用。

《胡萝卜先生的长胡子》顺接前一篇精读课文的学习，是习得预测基本方法后第一次迁移运用，可见它在单元组中“承上启下”的作用。课文有意隐去了故事后面部分的情节，给我们的是一个不完整的文本。学生不仅可以一边读一边预测，还可以就故事后续的发展展开丰富的想象，既可以预测鸟太太的做法，也可以预测胡萝卜先生还会遇到谁，他用长胡子还可以做什么等，增强了预测的开放性。

《不会叫的狗》有3种可能的结局，学生可以依据课文内容的线索展开预测。3种不同的结局，学生对每一种结局的预测，都可能会与原文不同，增加了预测的趣味；同时也意味着还可以有第四种、第五种乃至更多的结局，学生可以做出更为大胆的预测。

2. 阅读活动：反复运用预测策略

整个单元设计了一系列有趣的阅读活动，给学生提供大量的运用预测策略的实践机会。如在《胡萝卜先生的长胡子》一课后，教材提供真实的图书的题目，让学生借助题目进行预测内容。在《不会叫的狗》一课后，教材设计3种可能的结局，让学生预测，并说说理由，再听老师读故事的结局，对照自己的预测。还设计了读学生不熟悉的故事书，读一段停一停，猜一猜。学生在兴趣盎然的阅读活动中自觉运用预测策略，感受阅读带来的乐趣。

此外，这个单元中还安排了口语交际《名字里的故事》和习作《续写故事》。口头表达和书面表达活动，也有着与使用预测策略相似的思维过程。如交流关于名字的故事，可以先让学生看看自己的名字是由哪些汉字组成的，从中推测名字的含义，然后再去问问家人，验证自己猜得对不对。也可以猜猜名人的名字，了解他们的名字故事。又如，习作中给出的3幅图提示了故事的脉络，让学生猜想后面会发生什么。学生想到的结局可能不一样，但是根据前面的故事情节继续推测后面的情节和故事的结局，也与预测有着相似的思维过程。

大量的阅读实践活动，意在引导学生反复运用预测策略，从而构建从学到用的完整学习过程。

3. 交流平台：了解预测策略的实用价值

预测单元的交流平台，从三个不同角度强调预测策略的实用价值，提升学生对预测策略的认识。通过交流，让学生了解到使用预测策略可以提高理解文章的能力，帮助我们更好地理解文章的意思；使用预测策略可以使我们养成认真细致阅读的良好态度，在读书时会关注文章更多的细节。预测策略用处还有借助题目预测读物的内容，帮助自己选择适合的课外读物等。通过交流，学生可以感受到预测策略的实用价值，就能进一步体会使用预测策略的乐趣，进而更加主动地运用预测策略。

（二）雅正领悟预测内涵

1. 关于策略重要性的认识

在教学中，我们要对策略有正确的认识，以便在具体的教学实践中进行落实。无论成人还是学生，阅读都是一个动态构建的再造过程，而不只是简单的单向、被动接受知识信息的过程。阅读的本质是将读者与文章之间互相作用，对意义进行构建的一个动态过程，是作者与读者思维摩擦与心灵交流的渠道。纵观世界十几年来的教育制度改革活动，无一不将对学生阅读能力的培养放置于首要位置。由聂震宁先生所著的《阅读力》一书中明确强调："一名好的阅读者是能够有意识地在阅读中使用联结、提问、图像化、找重点、推测、分析、综合、监控理解等此类策略，从而与文本进行互动，更深刻地理解文本内涵。"《阅读力》一书中所讲述的七种阅读策略已演变成七种阅读能力，而这七种阅读能力则需要由教师传授给学生，哪怕是低龄、低年级学生。在台湾甚至提出了"创建以阅读策略为核心的教学"，"阅读教学是为阅读做准备的教学"。对阅读教学，北京师范大学伍新春教授认为："国际阅读学界通常把阅读发展分成三个大的阶段：第一个阶段是学习如何阅读，解决字词识别和兴趣培养的问题；第二个阶段是通过阅读来学习，解决如何读懂文本以获取其中信息的问题；第三个阶段就是通过阅读来实践，开始超越文本本身，超越阅读。文本仅仅是一个载体，它不再局限于语文的范畴。处于第二学段的三年级，正是结合阅读实践，获取方法，获得认知发展的关键期。此时，进行策略教学，是合宜且重要的。

2. 关于预测策略的认识

所谓阅读预测，即学生在阅读过程中借助相关提示信息，凭借自身日常生活经验与已掌握的知识对课文所表达的内容进行假设，而后在阅读过程中找寻有利信息，检验自己的假设正确与否，以达到对课文最终理解的目的。通俗来讲，阅读预测是一名优秀的阅读者对作者的意图进行揣测。预测是较为常用的一种阅读策略，也是最能激发学生阅读兴趣的阅读策略。预测策略可以促使学生在基本做到熟练解码汉字的前提下，实现"自上而下"的阅读：在阅读过程中，学生运用相关背景知识，不断对阅读内容进行猜测和验证，通过“猜测—验证”建构意义，推进阅读的开展，实现与文本之间的积极相互作用。

在阅读时使用预测策略，可以激活学生已有的认知经验，使他们对所读内容产生强烈的阅读期待。同时，学生根据文中的线索预测故事的情节或故事的结局，能够积极主动地建构意义，而不是被动地接受文本信息，这样，可以充分激发学生阅读的主动性和积极性，使阅读活动充满乐趣。

预测策略的使用是多维度的。在阅读时，既可以预测文章的内容，也可以预测文章的结构或语言；既可以作段落层次的预测，也可以作篇章层次的预测；既可以预测叙事性作品的内容，也可以预测说明性文章的内容。

与此同时，预测的线索既可以是文章的内容，如借助题目、图画或故事情节进行预测等，也可以是文章的语言形式，如借助表示转折的词语、表示过渡的语句进行预测等。

考虑到三年级学生的认知水平，教科书中的预测策略单元主要选用故事文本引导学生学习和实践预测策略，而且选用的都是反复结构的故事，都是比较典型的可预测文本。

3. 关于策略教学的认识

小学生处于“通过阅读来学习”这一阶段，正是学习阅读策略的关键时期，同时，也正是其从遵循模仿至发现的一个过程。一名优秀的读者能够善于找到作者所没有描绘出的内容，这就需要具备阅读预测能力。

其一　单元整合加强

在培养学生阅读策略时，阅读策略单元与其他普通教学单元的学习存在较大的差异；阅读策略单元对于学习内容有着不可扰乱的排序，其将三篇课文以一个整体的形成进行呈现，并依次展现“学习预测—联系预测—独立预测”的渐变过程。其目的在于对学生的主动实践进行引导，促使学生进行边读边预测的尝试，并让学生对自身的阅读过程进行监测，使学生能够通过练习来熟练地运用阅读预测这项技能。在统编版教材“语文园地”这一交流平台中，对阅读预测的价值与意义进行了充分的总结，使学生明确了为什么要用预测进行阅读这一问题的答案。阅读预测单元是一个为学生提供阅读预测能力联系的有机整体，使学生能够循序渐进地对预测阅读的基础方法进行学习，而教师在对课文进行研读时，需着重注意整体意识的树立与阅读策略意识、知识点的加强之间的联系。

其二 预测方法的传授

预测线索找寻，每名作者的写作功力往往凝聚于所写文章的题目，也是整篇文章中的中心点。一个优质的拟题能够如磁铁一般吸引读者，进而激发读者对文章的阅读兴趣。而插画则是以另一种形式对故事进行描绘，作者与绘画者往往会在文章的题目与插画中留下文章的线索，使读者能够抓住题目与插画提供的线索以对文章进行预测。学生可随着阅读内容的推进，再结合自身日常生活经验与所掌握的相关知识对课文进行广泛的预测，如对课文情节、结局、文中人物的命运、作者观点等进行自主、大胆的假设，而后对阅读进行验证。

其三 有理有据的预测

在语文阅读预测中，预测的依据主要分为文本线索、个人日常生活、社会经验、先前阅读经验四种。为学生提供阅读预测的方法除去精读课文后的课后活动外，还有阅读课文课前提示、课后思考题等为学生提供阅读预测的方法。教师在传授学生阅读预测策略时，务必明确地告诉学生要依据课文中的线索进行有理有据的预测，切忌盲目预测。以语文统编版教材《总也倒不了的老屋》这一课文的课后思考练习为例，第二个题目的宗旨就是引导学生对课文旁注进行关注，并要求学生互相交流自己的预测观点，阐述预测观点的理由，此方法能够令学生掌握预测两要素——文本支持与自身日常生活和掌握知识的支持。阅读预测虽然不存在对错一说，但应在所预测内容偏离实际发展时进行整体思路的回调，从而使学生能更加深刻地理解课文中所表达的内容。

第二节 设计：建构简雅框架

一、略读课文教学中“导读卡”的设计与使用
——以《最后一分钟》的教学为例

略读课文教学重在把精读课文中学到的学习方法加以迁移和运用，以培养和提高学生的读写能力，这已成为广大教师的共识。我在主持省级课题《小学高年级指导自主阅读教学策略研究》中发现，在略读课文教学中，根据略读课文特点、单元训练重点、文体教学特点来设计并使用导读卡，培养学生的阅读能力，教学效果非常明显。下面以2011年我在我县小学语文教师岗位培训上所做的公开课——五年级上册第七组略读课文《最后一分钟》教学中的有关情况为例，谈自己的一些做法和体会。

（一）利用导读卡，突出略读课文特点

《最后一分钟》是高段的一篇略读课文。五年级上册的《教师教学用书》在“关于略读课文的教学”告诉我们：一是理解内容的要求要低于精读课文，一般是“粗知文章大意”，只要抓住重点、难点，帮助学生大体理解内容即可，词句的理解不作为重点；二是方法上教师要更加放手，要让学生运用在精读课文中获得的知识与方法，自己把课文读懂。

人教版的语文教材，每篇略读课文的前面都有一段“导语”，它为教师引导学生课前自学提高了思路与依据。但是，在实际教学中我们也发现，这些导语大多数比较简洁，学生自学起来都存在着不同程度的不到位。据此，我们利用导读卡的设计把这些导语进一步具体化，以更加有利于学生的课前自学。《最后一分钟》“课前导读”设计如下。

这些导读设计，学习任务明确，引导学生课前理解课题，扫清字词障碍，正确流利地读诗歌。第四道题的设计主要让学生明确略读课文“导读中”的学习任务和学习方法。任务和方法的明确，也使课堂目标明确，方法得当，从而顺利展开学习。这节课是用感情朗读、查找资料、合作学习的方法来学习。

导读卡一：课前导读

1. 文中最后一分钟是指____年____月____日____时____分到____年____月____日____时____分。
2. 读生字新词。

   叩(kòu)问　刹(chà)那　硝(xiāo)烟　骨髓(suǐ)　铸(zhù)

   注：①刹：chà 不是 shà；②髓是平舌音。
3. 熟读诗歌。
4. 用①②标出连接语中的学习任务，画出学习方法。
5. 查找虎门销烟、三个不平等条约、紫荆、香港的历史、政权交接仪式等资料。

在课堂教学中，我是这样使用导读卡来引导学生学习的。

导入：同学们，听着这首热血沸腾的《公元 1997》，看着一幅幅痛苦又欢乐的画面，我们思绪一下子就飞到 14 年前那激动人心的时刻！

1. 齐读课题：①整齐响亮地读；②轻声深情地读；③急切激动地读。

2. 检查预习。（学生取出“导读卡一”的课前导读）

①理解课题：最后一分钟具体指哪一分钟？它有什么特殊意义？

②指名读生字、新词。学生提醒注意“刹”和“髓”的读音。

③指名读诗歌，每人一小节。

3. 明确任务。

(1) 从“*”号中你知道这是一篇什么课文？

(2) 你从导读中获取到这节课学习任务了吗？获取到学习这篇课文的方法了吗？

(3) 学生汇报交流后概括板书：感情朗读、合作学习、查找资料。

利用“导读卡”引导学生课前先有的放矢地预习，并明确学习的任务与方法，突出略读课文教学的特点——先学后教。学生即使在课前有没读懂的内容，通过教师课内的点拨、交流也能学会，实现用较少的时间获得较大的课堂效益。

（二）利用导读卡，突出单元训练重点

人教版中高年级的语文教材，每组都有单元训练重点，我们可以在教材的“单元导读”中获得这样的信息。五年级上册第七组课文的单元导读指出：“通过多种途径搜集有关资料，学习整理资料的方法，并在语文学习中加以运用。”在连续语中有“也可以查找相关资料帮助理解”。这说明：本单元的训练重点是“查找资料帮助理解课文”。2011 年版课标在小学高段的阶段目标中也提出“根据需要搜集信息”。纵观人教版语文教材的编排，我们可以发现，查找相关资料的训练，继这个单元的编排之后，还有五年级下册的综合性学习专题单元《走进信息世界》。所以，在高段的仅有两处的编排中，这组课文的训练显得尤为重要。那么，如何通过这篇略读课文的教学，使学生学习“收集资料利用资料”的方法呢？在教学中，我在课前导读卡强调，在课中教学中也重点引导，做到双管齐下。

导读卡二：课堂导读

1. 第三小节诗歌：“________”查找________资料。
2. 合作学习第一、二、四节：“________”体会人们________心情。
3. 品味诗歌语言：“________”用了________修辞手法。

这些导读内容，是根据单元训练重点设计的。如，第 1 题：第三小节诗歌“________”查找________资料，意在引导学生针对性地查找资料，突破这首诗歌的难点——第三小节。课堂教学中，我让学生根据这个导读题自由读第三小节，并出示多媒体关于资料选项。

○政权交接仪式视频	○香港回归的历程
○虎门销烟	○三个不平等条约
○香港被割让的地图	○紫荆
○香港回归之后的繁荣	○璀璨的香港

学生对照诗句选择自己所要用的资料，这使他们懂得什么时候要查找什么内容的资料。学生通过读文、选择，知道“虎门上空的最后一缕硝烟，在百年后的最后一分钟终于散尽”需要查找虎门销烟的资料；“当一纸发黄的旧条约悄然落地”，需要查找“三个不平等条约”的资料。

查找什么内容知道了，怎么处理所查到的资料信息，让这些信息为自己所用呢？这同样是查找资料教学的重点和难点。教学中，我让学生取出“课前导读第 5 题”，要他们查找虎门销烟、三个不平等条约、紫荆、香港的历史、政权交接仪式等资料，从中挑出“虎门销烟”和“三个不平等条约”的资料，并画出“虎门销烟”的时间、地点、重要人物和事件，然后用自己的话连起汇报。对“三个不平等条约”，只要画出时间、条约名称和割让的地点，并分别汇报交流。

合作学习第一、二、四节：“________”体会人物________心情，是让学生迁移查找资料的方法读懂了全诗。这三个小节的教学，要求合作学习，读一读、找一找、在小组中议一议，把读到的心情再写一写、注一注，最后再感情朗读。

经过以上的阅读、思考和操作，学生对如何使用查到的资料有了许多感性的认识和切实的体会。适时小结和提升：在查找到的众多资料中，我们要懂得提取自己需要的信息，为自己所用，这样才能提高搜集和处理信息的能力。

（三）利用导读卡，突出文体教学特点

《最后一分钟》是李小雨在迎接香港回归前夕怀着激动的心情写的一首充满激情的现代抒情诗，它有以下特点。①高度概括和提炼：香港回归可写的内容很多，可作者巧妙地选择了“最后一分钟”这个高度概括的“点”。②擅用形象和细节：把“激动”化为可感可视的画面或动作，如，“万众欢腾中刹那的寂静，寂静中谁的微微颤抖的嘴唇”。③虚实结合：如，“旗帜”是实写，挺直中国人的“脊梁”是虚写；“一滴泪珠”是实写，“百年的痛苦和欢乐”是虚写，等等。④含蓄深沉：把感情隐藏在字里行间：“长城的脸上，黄皮肤的脸上，是什么在缓缓流淌”“轻轻呼喊”“悄然落地”等。

这些表现手法不可能全部教给五年级刚接触现代诗的孩子。我从每节诗中发现不少修辞手法，如：使大海沸腾——夸张；拉手，倾听归程——拟人，是……是……——排比；扎根在深深大地上的第一朵紫荆——比喻。我打算引导学生对这些修辞做一些适当的理解和感悟。在教学这些内容时，我同样利用导读的设计，出示课堂导读的第三题：“________”用了“________”修辞手法，在学生充分自学思考的基础上进行交流与施教。

在课堂中，我也用了排比的手法进行小结：

原来夸张有这么大的魅力，把中国人扬眉吐气欢欣鼓舞的爱国热情描写得淋漓尽致；

原来拟人有这么大的魅力，把香港当作我们的兄弟姐妹，当作祖国母亲的孩子，是那么亲切、自然；

原来排比有这么大的魅力，把人们无比激动、无比自豪的心情像缓缓上升的红旗，达到顶点；

原来比喻也有这么大的魅力，把对香港的美好祝福写得深情含蓄。

这样，学生就知道修辞手法运用得适当能使自己的文章变得神采飞扬，从而也落实了2011年版课标在第三学段中的“初步领悟文章的基本表达方法”。

五年级学生的诗歌阅读凝练的词句理解对学生是个挑战。我根据连接语的教学策略：一是课堂中对本诗的感情朗读，二是引导学生迁移阅读类似的诗歌，设计导读卡，如下。

在课后导读中请学生用学到的感情朗读、查找资料、合作学习的方法，学习闻一多的组诗《七子之歌》，从而实现从课内走向课外，学以致用，逐步达到“教为了不教”的境界。

附：《最后一分钟》教学设计

24*　最后一分钟

教学目标：

1. 认识5个生字，有感情地朗读诗歌。

2. 学会在自主合作学习的情况下，联系查找的资料理解诗歌内容，体会诗歌表达的情感。

教学过程：

一、检查预习，明确任务

导入：同学们，听着这首热血沸腾的《公元1997》，看着一幅幅痛苦又欢乐的画面，我们思绪一下子就回到14年前那激动人心的时刻！

1. 读课题。

①整齐响亮地读；②轻声深情地读；③急切激动地读。

2. 请大家拿出导读卡看课前作业，现在老师要检查大家的预习情况。先看第一题，最后一分钟具体指哪一分钟？它有什么特殊意义？课题你理解吗？

3. 请看第二题，生字、新词你会读了吗？新词能理解吗？哪一个生字的读音你要提醒大家注意？（刹、髓，读两遍）知道这些词语的意思吗？

4. 第三题，诗歌读正确了吗？我请几位来读，每人一小节。

5. 从“＊”号中你知道这是一篇什么课文吗？

6. 谁来读一下导读，从导读中你获取到这节课学习任务了吗？获取到学习这篇课文的方法了吗？

板书：感情朗读、合作学习、查找资料。

二、查找资料，理解诗歌

1. 快速浏览全诗，了解哪一小节是写作者的联想。

2. 自由读读第三小节诗，看导读卡的课堂作业一，在第三小节中，需要屏幕上的哪一项资料？你从哪行诗句知道的？

3. 谁查找到虎门销烟的资料？只要求说时间、地点、主要人物、事件。这就是查资料和处理信息的能力。

师：虎门销烟可以说是鸦片战争的导火索，而鸦片战争又是中国近代屈辱历史的开端。

4. 三个不平等条约。分组读。

《南京条约》，香港不见了；《北京条约》，九龙没有了；《展拓香港界址专条》，整个香港都被英国人强行租借了。

5. 引读“那深入骨髓的伤痕，已将血和刀光铸进我们的灵魂”诗句。

师：我们的国土被瓜分得支离破碎，我们不会忘记！（生读）

师：多少中国人家破人亡，妻离子散，我们不会忘记！（生读）

师：中国的大地血流成河，哀鸿遍野，我们更不会忘记！（生读）

6. 引读“百年的痛苦和欢乐，都穿过这一滴泪珠，使大海沸腾”诗句。

师：但是，在这最后一分钟，旧条约即将成为过去，我们激动，我们自豪！（生读）

师：在这最后一分钟，中国人即将走过那段布满烟尘的历史，我们激动，我们自豪！（生读）

师：在这最后一分钟，香港就要回来了，我们激动，我们自豪！（生读）

这喷涌而出的爱国热情，非常强烈，非常浓厚，能使大海沸腾，用了什么手法？（夸张）夸张原来有这么大的魅力，把中国人扬眉吐气的欢欣鼓舞的爱国热情表达得淋漓尽致。现在让我们捧起书来，一起来读第三节，女生读一行，男生读一行。

三、合作学习，体会情感

最后一分钟，世界的目光聚集中国，无数颗心都在期待着一个庄严而神圣的时刻。让我们一起来默读第一、第二、第四小节诗，看看哪几行诗句最能打动你的心，把它画出来，并把你读出的心情写在这行诗句旁边，然后在小组交流。

1. 交流第一小节。

①生读诗句交流。(生板书：急切、盼望)

②你发现作者用了什么手法写出急切、企盼的心情吗？

③原来拟人有这么大的魅力，把香港当作我们兄弟姐妹，把香港当作祖国的孩子，是那么的亲切自然。(全班齐读第一小节)

2. 交流第二小节。

①生读诗句交流。这一节诗又是用什么手法来写的呢？(排比）原来排比也有这么大魅力，它不仅写出人们激动的心情，更将最后一分钟写得具体、形象。(生板书：激动、自豪)

②师生轮读，师读第一行，生读第二行；第二遍，生读第一行，师读第二行。

3. 交流第四小节。

①生读诗句交流。(生板书：祝福、憧憬)

②扎根在深深大地上的第一朵紫荆，大地指什么？紫荆指什么？这又用了什么手法？(比喻）对了，原来比喻也有这么大的魅力，把对香港美好未来的祝福，写得含蓄深情。

③师范读。

此时，林老师特别想用作者的语言来表达现在的心情，行吗？(范读第四小节)

4. 急切、盼望、激动、自豪、喜悦、扬眉吐气、欢欣鼓舞、悲喜交加……都难以表达人们的心情，让我再次诵读这首诗。女生读第一小节，男生读第二小节。第三小节，老师读一行，你们读一行，第四小节齐读，把书捧起来。真好！

四、拓展延伸，升华情感

1. 播放《七子之歌》。

2.《七子之歌》已发到同学们手上，请大家用课堂中学过的方法试着学习。

板书设计：

24* 最后一分钟

感情朗读	急切、激动、自豪	夸张
合作学习		拟人
查找资料	喜悦、祝福……	排比
		比喻

导读卡一：

课前作业

1. 文中最后一分钟是指____年____月____日____时____分到____年____月____日____时____分。

2. 读生字新词。

叩问（kòu） 刹那（chà） 硝烟（xiāo） 骨髓（suǐ） 铸（zhù）

注：①刹：chà不是shà；②髓是平舌音。

3. 新词意思。

叩问：______________________

刹那：______________________

硝烟：______________________

骨髓：______________________

4. 熟读诗歌。

导读卡二：

课堂作业

1. 第三小节诗歌

“______________________”查找______________资料。

2. 合作学习第一、二、四节

“______________________”体会人们____________心情。

导读卡三：

课后导读

用感情朗读、查找资料、合作学习的方法学习闻一多的《七子之歌》。

二、在语文实践中落实语言文字运用——以《小露珠》教学为例

我应福建省教育厅邀请到周宁县参加“名师送培下乡”活动，上示范课苏教版三年级上册《小露珠》，就以此为例来谈谈如何在语文实践中落实语言文字运用。

（一）语文实践内容的确定

1. 根据教材文体来确定。

文章思路清晰明朗，循着小露珠出现、形成、消失的线索，向我们展示了三幅纯美的画面。

画面一：小动物们的互相打招呼，将小露珠的外在美展现得淋漓尽致。画面二：在霞光中，小露珠将万物装点得更加生机勃勃，展现了大自然和谐的美，展现了小露珠奉献的美。画面三：植物们依依惜别的情景，笑盈盈的小露珠更让人产生爱慕之心。

这样一篇妙趣横生的童话作品，最大的文本秘妙就藏在画面一中，小动物们和小露珠打招呼的句型，用了不同的动词写小动物，以及“分总”段式。画面二写植物们在小露珠的滋润下格外精神的语句，进行句群的学习、运用。学习童话想象丰富，充满童趣的语言特色，得意、得言，发展学生的口头语言和书面表达能力。

2. 根据学段、课型来确定。

崔峦理事长在全国第九届青年教师阅读教学观摩活动开幕式上指出：落实年段学习目标，就是要在阅读教学中要增强课标意识、目标意识、年段意识，使所上的课是那个年段的，符合那一类课型的，符合那一种文体特点的。

《小露珠》是三年级上册第五组的一篇童话文体的精读课文。中年段第二学段的阅读教学以段落教学为主，在画面一中，小动物们和小露珠打招呼的第2—5自然段由三个结构相同的比喻句以排比的语言形式分述小露珠的三个特点，与总述句“小动物们都喜欢小露珠”构成典型的分总构段方式：

> “早哇，像钻石那么闪亮的小露珠。”蹦到大荷叶上的小青蛙对小露珠说。
> “早哇，像水晶那么透明的小露珠。”爬到草坪上的小蟋蟀对小露珠说。
> “早哇，像珍珠那么圆润的小露珠。”落在花朵上的小蝴蝶对小露珠说。
> 小动物们都喜欢小露珠。

小露珠的外表美，最主要是通过小青蛙、小蟋蟀、小蝴蝶眼里的露珠的样子，从侧面反映出来的。在青蛙的眼里，小露珠就像是钻石那么闪亮；在蟋蟀的眼里，小露珠就像是水晶那么透明；在蝴蝶的眼里，小露珠就像是珍珠一般圆润；三个小节，分别从光泽、纯净、质感细致地描绘了小露珠的外表，给人一种纯洁、可爱的感觉。

中段的教学如果仅仅抓住比喻句来训练的话，说明学段的目标不够明确，因为“低段要运用词语说话、写话，抓住常用句式、有特点的句式进行迁移运用，中高年段结合文本的内容、语言、段式、文章的写法，进行语言文字运用”，所以这个段式的教学不但要学写比喻句，准确运用动词，更重要的是要进行构段的训练。

在第二个画面中，“金黄的向日葵、碧绿的白杨树、紫红的喇叭花，还有数不尽的鲜花嫩草，都像俊俏的小姑娘戴上了美丽的珠宝，显得更加生机勃勃”。

这也是一个训练点，上一个段式的比喻是抓住一个物体不同的特点进行比喻，而这个句子，就是找不同的事物的共同点进行比喻，两个训练点进行一下对比，让学生发现比喻的妙用，从而激活学生自主表达的欲望。

（二）语文实践过程的落实

1. 学习比喻排比的分总段式。

在教学小动物都喜欢小露珠的相互打招呼的段落，我是这样进行语言文字训练的：

师：小动物为什么喜欢小露珠？请大家自己大声朗读第 2－5 自然段一遍。（生自由地大声朗读）

（多媒体出示第 2－5 自然段）

师：我们全班一起来读一读。（全班齐读）谁来说说小动物为什么喜欢小露珠？

生：小青蛙喜欢小露珠像钻石那么闪亮。

生：小蟋蟀喜欢小露珠像水晶那么透明。

生：小蝴蝶喜欢小露珠像珍珠那么圆润。

师：这一段话是围绕哪一句话来写的？

生：这一段话是围绕第 5 自然段写的。

师：请同学们用波浪线把它画下来。同学们，作者先分别写小青蛙、小蟋蟀、小蝴蝶对小露珠的喜爱，再总结写小动物们都喜欢小露珠。这样能围绕“小动物们都喜欢小露珠”这个意思，把它写具体，这种方法，我们在以后的习作中也可以运用。

师：现在请同学们完成课堂练习二。

①小露珠和钻石相像的地方是，它们都是________的。 ②小露珠和水晶相像的地方是，它们都是________的。 ③小露珠和珍珠相像的地方是，它们都是________的。

（生完成课堂练习，同桌互对后反馈）

生：小露珠和钻石相像的地方是，它们都是闪亮的。

生：小露珠和水晶相像的地方是，它们都是透明的。

生：小露珠和珍珠相像的地方是，它们都是圆润的。

（多媒体分别出示小露珠和钻石、水晶、珍珠相像的图片）

师：请看图片，你们真了不起，只有两个事物有相像的地方才能用来比喻的，请你们在相像的词下面加点。

师：那么你们读的时候能突出它们相像之处吗？

请你来读一读。（生得读不到位）

师：请你试试在“那么”后稍微停顿一下，并重读“相像”的词。

（生再读，读得很到位，全班学生自发报以掌声）

师：很棒，一点就会，大家也赶快练一练。

（生练读）

师：我们试着记住这段话。

师：想想看，生活中还有哪些事物是闪亮的、透明的、圆润的？小组里先议议。

生：闪亮的眼睛。

生：闪亮的星星。

生：透明的玻璃珠。

生：圆润的黄豆粒。

生：圆润的珠子。

……

师：现在老师要请三位同学来扮演小青蛙、小蟋蟀、小蝴蝶到前面和我打招呼，我就是可爱小露珠。

（扮演小青蛙的学生走到老师跟前）

生：早哇，像钻石那么闪亮的露珠。

师：早哇，像翡翠那么碧绿的小青蛙，你是怎么来的？

（生马上意识到自己没把动作表演出来，同学们纷纷喊“蹦”。）

师：同学们，让我们一起读这句话，让他蹦回去。

（全班齐读，这位同学蹦回座位。）

（扮演小蟋蟀的小男生，赶紧趴在地上爬了过来，引起全班哄堂大笑。）

生：早哇，像水晶那么透明的小露珠。

师：（摸着他的头微笑着）早哇，像歌唱家那么高雅的小蟋蟀，你的动作很到位。

（扮演小蝴蝶的女生轻盈地飞过来。）

生：早哇，像珍珠那么圆润的小露珠。

师：早哇，像飞舞的花朵那么美丽的小蝴蝶。

师：谢谢这三位小朋友，他们不仅表达了小动物对小露珠的喜爱，还把三个动作表演得很到位。

师：这三个动词能不能相互调换呢？

生：不能，这三个动词是这三个小动物特有的动作。

师：是啊，这三个动词写出了动物的特点，用词准确能把一种动物写活了，平时在习作中也要注意用词准确。

师：除了书上写的三种小动物喜欢小露珠，还有哪些小动物也喜欢呢？在小组里先说说。

生：有小蜜蜂、小蜻蜓、七星瓢虫。

师：真聪明，你们是从书上的插图找到的吧。

师：还可能有天上飞的，水中游的，地上爬的小动物吗？

生：可能有小鸟、小兔、小虾、蚂蚁等。

师：现在请你拿起笔完成课堂练习三。

“早哇，像_______那么_______的小露珠。”_______到_______的_______对小露珠说。 “早哇，像_______那么_______的小露珠。”_______到_______的_______对小露珠说。 “早哇，像_______那么_______的小露珠。”_______到_______的_______对小露珠说。 小动物都喜欢小露珠。

（生动笔完成，教师提醒写字姿势，并巡视指导，写后小组交流，指名学生反馈，略）

师：同学们不但能找相像的东西来比喻，用词还十分贴切，可见像钻石那么闪亮，像水晶那么透明，像珍珠那么圆润的小露珠的确很美。（板书：美）

在整体感知中，从课后的主问题“默读课文，说说为什么大家都喜欢小露珠”入手，学生知道文章写了小动物和植物都喜欢小露珠。先学习小动物们为什么喜欢小露珠，出示第2—5自然段让学生带着问题自由读，初步感知分总段式，用波浪线画下总述句，再找小露珠与钻石、水晶、珍珠相像之处。通过直观的图片，学生了解到只有两个事物有相像的地方才能用来比喻，并在相像的词上加点，指导朗读背诵，把有特点的句式积累，熟记于心。再引导，说出生活中有哪些事物是闪亮、透明、圆润的，为后面仿写分总段式做准备。接着，通过打招呼的情境表演，体会用词准确是写活动物的关键，帮助学生打开思路，有哪些小动物也喜欢小露珠。这样一个环环相扣的教学步骤，使总分段式，这种类型的比喻句以及用词准确等语言文字运用落到了实处。

在教学中，我时时处处面向全体，坚持自主合作，自由大声朗读第2—5自然段，让学生自己先完成课堂练习二、三，同桌互相检查，在说“生活中还有哪些事物是闪亮的、透明的、圆润的”和“还有哪些小动物也喜欢小露珠”时，不急于让他们回答，在小组里先说说，这样更能拓展学生的思路。

2. 学习找事物的共同点比喻。

植物们也喜欢小露珠的教学片段如下。

师：那么植物为什么也喜欢小露珠呢？请大家默读第6、7自然段。（学

生默读）

生：因为小露珠把所有的植物都装点得格外精神。

（出示带着露珠的格外精神的喇叭花图）

师：看，这就是“格外精神”。

师：同学们在什么时候格外精神？

生：我在周一升旗时格外精神。

生：今天上课我格外精神。

生：班长上台领奖时格外精神。

生：梦玲朗诵比赛时格外精神。

（多媒体出示句子）

> 金黄的向日葵，碧绿的白杨树，紫红的喇叭花，还有数不尽的鲜花嫩草，都像俊俏的小姑娘戴上了美丽的珠宝，显得更加生机勃勃。

师：在这句中，哪些词语写出了有了小露珠的滋润，这些植物格外精神？用笔圈一圈。圈后同桌交换意见。

生：金黄、碧绿、紫红、鲜花嫩草、俊俏、生机勃勃。

（指导朗读，指导背诵，略）

师：四个小组合作，完成练习四。

> __________的______，
> __________的______，
> __________的______，
> 都像________________。

生：雪白的梨花，鲜红的扶桑，嫩黄的菊花，都像俊俏的小姑娘戴上了美丽的珠宝，显得更加生机勃勃。

师：这个小组同学换了三种植物来写。

生：碧绿的小青蛙，棕色的小蟋蟀，五彩的小蝴蝶，都像童话中的小精灵。

师：这个小组的同学是看着书上的插图来说的，真好！

这个教学片段抓住“格外精神”，出示图片让学生直观认识“格外精神”，联系生活实际，回顾自己或别人格外精神的时候，画出文中写植物格外精神的词语，再指导学生用诗歌的节奏来朗读写植物格外精神的语句，积累背诵，最后小组合作仿写，从而达到训练语言、培养语感、深化理解课文——小露珠的心灵美的目的。

在语文实践中落实语言文字运用，关键是教师要钻研教材，把握学段目标，找准语文实践点。在教学过程中，做到面向全体，坚持自主合作，让学生自己读书，自己思考，要让学生真读、真思、真议、真练，让学生经历真实的学习过程，从而提高语言文字运用能力。

第三节　诊断：甄别简雅真伪

一、站在儿童的立场教语文——评任海婷老师的《风娃娃》

2013 年 10 月 30 日，受陈健老师的邀请参加了平潭县小学语文在城中小学举行的课堂教学研讨活动，听了二年级上册任海婷老师的《风娃娃》第一课时。这堂课引发了我的一些思考。

（一）站在儿童的立场教语文知识

李海林先生曾这样说："语文课程知识内容的开发的根本视域和立场，是学生，从学生出发，站在学生的立场上，从学生如何读文章、写文章这样的角度来开发语文知识。"也就是说学生处于哪一个学段，所选择的教学内容是不同的。"课文无非是个例子。"如果把《风娃娃》放在不同的学段，该选择什么内容作为教学内容呢？我认为，低段的《风娃娃》以字、词、句作为课程内容；中段的《风娃娃》就要以句子、段落为课程内容，比如学作者是怎样写风娃娃做好事，你也试着写一段；高段的《风娃娃》就要以布局谋篇为课程内容，比如试着仿写《雨娃娃》或《云娃娃》等童话。

任老师以低段的课标要求选取了《风娃娃》的字词句为课程内容，从词到字，从字到词，从词到句，自然流畅，巧妙有效，特别有两处值得我们学习。

当学生读到多音字"转"时，有的读 zhuàn，有的读 zhuǎn 时。教师请全班同学把头往右转，告诉学生这叫转（zhuǎn）头，再请全班起立，把身子向左转，告诉学生这是转（zhuǎn）身，接着老师让学生上来绕着她转一圈，告诉学生这是转（zhuàn）圈。最后老师告诉大家：人或物品只改变方向的读作“zhuǎn”，绕圈的读作“zhuàn”。“转”的多音字，连大人都分不清，任老师就是这样在从儿童的立场出发，让学生亲身参与到情境表演中，轻轻松松地教会学生语文知识。

在学习第二件好事时，学生对课文中“纤夫”“纤绳”“号子”“船帆”等词语不理解，教师出示了一幅纤夫拉纤的图片并配上“号子”的音响，全班同学一下子就明白了，有的同学还能表述出它们的意思。这就是从儿童的立场来选择教学方法——直观形象，非常巧妙。

这节课，任老师还十分重视教学生朗读，并不断在正确、流利上下功夫。全班同学朗读水平高，这与老师平时注重朗读的指导是分不开的，学生要是在小学阶段形成良好的语感将会终身受益。

（二）站在儿童的立场教学习方法

人教版语文教材阅读课文的编排体系中，有三种类型的课文，精读课文、略读课文、选读课文，这三种课型课文编排目的是希望学生在精读课文中获取学习方法，在略读课文中练兵，然后在选读课文中运用，最后走向课外阅读。为了让学生能走向更广阔的课外阅读天地，教师教给学生可以带得走的学习方法显得尤为重要。

在《风娃娃》这节课中，任老师非常注重学习方法的引导，在自由读风娃娃做的第二件好事的这个段落中，老师要求同学们在不懂的地方写上“?”，这是低段最初的不动笔墨不读书，在读书时留下读书的痕迹，到中、高段要求写体会，写批注。从低段学生的立场要求学生画“?”，这就是批注的启蒙阶段，别看这一个小小的“?”，形成习惯将会发挥很大的作用。

低段以识字教学为主，并不断渗透识字方法，希望利用识字方法，自主认识更多的字。在这节课中，任老师主要教给学生认识形声字的方法，先出示“筝”，为什么“筝”用“竹字头”呢？学生不知道，请看老师出示风筝的图片，再出示风筝的骨架。哦，原来风筝是竹子做的，竹字头是表示它的意思，下面“争”就是表示它的读音。像这样一边表义、一边表音的字，我们就把它叫做“形声字”。找找看，在我们今天认识的生字中，还有哪几个是形声字。学生找出了“驶”“极”“踪”。了不起的教学，了不起的运用。不但把生字进行了归类识记，让学生感受汉字的魅力，还教给学生识字的方法。

写字环节指导读帖方法：一看宽窄，二看高矮，三看笔画的位置。简简单单，学生易于掌握，对学生的规范书写会产生很大的帮助。学习方法是可以迁移的，如果我们老师都有意识地在每节课都教给孩子一个语文学习的方法，学生的语文素养何愁高不了？

（三）站在儿童的立场看教学设计

在这节课中，我觉得有两处教学设计，课堂上教师可以把它做得更好。一是用图片巧妙解词的那幅纤夫图，可以再用来教学纤夫拉船的句子："他们弯着腰，流着汗，喊着号子，船却走得很慢。"找出三个动作的词，然后再让学生观察图，学生就理解了"弯、流、喊"三个动词，再从纤夫脸上的表情，就能感受他们的吃力、辛劳，这时风娃娃来了，来得可真及时，他帮了纤夫们一个大忙。

二是两个句子对比读。"一架大风车正在慢慢转动，抽上来的水断断续续地流着"与"风车一下子转得飞快"。教师虽然已经达到低段的朗读要求正确、流利了，但是我觉得这样一个好的设计，如果教师略加指导就可以很出彩。引导学生把"慢慢转动"，再读得慢些，再吃力点，"断断续续"也慢些读。体会在没有风娃娃时，大风车抽水的不容易。"风车一下子转得飞快!""一下子、转得飞快"读得快些，轻松些，欢快些。这样一慢一快，学生自然就体会到风娃娃的作用，明白了风娃娃是做有益于大家的事——好事。

最后一个关于"风娃娃来到________，看见________，他________"与"________来到________，看见________，他________"的说话训练有待商榷。任老师的课中，这个说话训练分为三个梯度，把课内两件好事换一种说法，再自由说说风娃娃还来到哪里，做了什么好事，最后还会有谁帮别人做好事。设计是很好了，但是有没有从儿童的立场来思考，它是否适合。因为从课堂情况来看，时间显然来不及，学生还没思考就讲，教师也显得特别忙乱。要知道把课文语言变成自己语言是语言内化，它不是一件容易的事，更何况还要讲课外的内容，还要讲还会有"谁"，就更不容易了。

我建议这个设计若是两件好事都教的话，先把"风娃娃来到________，看见________，他________"讲完，让学生练练。讲完第二件好事，再让学生练练，就讲课内的，不讲课外的。或者，只要教第一件好事，腾出时间扎实进行三个梯度的说话训练。40 分钟的教学时间，老师们要有所取舍，有舍才有得。

以上是我个人的粗浅的思考与认识，不当之处，请陈老师、任老师和广大的语文同仁们批评指正。

附：《风娃娃》课堂教学实录及教后反思（平潭城中小学　任海婷）

一、导入课题

师：今天我们学习的课文和风有关——《风娃娃》。看老师写，大家跟着一起书空。

师板书课题，边写边说：“娃，左右结构，注意写得左窄右宽。”

生跟着书空。

师：全班一起叫他的名字。

全班齐读课题。

二、初读课文

师：风娃娃跑到课文里去了，咱们一起读读他的故事吧。

多媒体出示读书要求：注意把音读正确，把句子读通顺，遇到难读的字多读几遍。

生自由读课文。

师：老师想考考大家，生字的拼音都读准了吗？

多媒体出示带拼音的词语。

师：请几个同学当小老师，如果他读对了，我们就跟着他一起读。

三个学生，一人读一排。其他学生跟读。

师：现在老师把生字的拼音小帽摘掉，你们还认得它们吗？

全班齐读两遍。

师：现在难度加大了，单个字，你还会读吗？

开火车轮读。

师：老师在读课文的时候啊，发现有两个生字特别有意思，想和大家分享一下。看大屏幕。

师：这个字是“筝”。上面的图画的是用竹子扎成的风筝的骨架，所以“筝”的部首竹字头，表示字的意思。下面的字也读作 zhēng，它表示字的读音。

生齐读“筝”。

师：（指着多媒体上的图）沙滩上留下了一串脚印，这就是“踪”，所以踪的部首是——

生：足字旁。

师：足字旁跟字义有关系，右边的部件是“宗”，跟字音有关系。

师：（指着另一幅图）这时，海浪涌上来了，脚印不见了，这就叫——

生（齐）：无影无踪。

师：像这样有意思的字，文中还有两个。

课件出示“驶、极”。

师：“驶”，有马儿奔跑的意思，所以是马字旁，右边的部件“史”，表示读音。

生齐读“驶”。

师：“极”，最早指的是木头的两端，木字旁表示意思，叫“形旁”，右边的部件“及”，表示读音，叫“声旁”。像这样的生字都叫做“形声字”。有时我们就可以用这种方法来识记生字。

师：平时我们还用过哪些识字方法呢？

生：加一加。

生：减一减。

生：比一比。

生：编字谜。

师：现在我们把生字送进课文，再读读。请一个小组开火车接读课文。其他孩子边听边想：风娃娃做了哪些好事？

生：风娃娃让秧苗喝足了水。

师：他是怎么帮忙的？

生：风娃娃使劲向风车吹去，风车会动了，抽了很多水，秧苗就喝足了水。

师：对，这是吹转风车。那第二件好事呢？

生：风娃娃做的第二件好事是吹船帆，船飞快地向前行驶。

师：吹动帆船。

板书：吹转风车，吹动帆船。

三、学习课文的第 2 自然段

师：现在让我们走进课文。看看风娃娃做的第一件好事吧！

多媒体出示第 2 自然段。

生齐读。

师：这段话里有一个多音字“转”zhuàn。

师：还有个读音 zhuǎn。特别难区分，老师教你们一个方法。

师请全班学生起立。

师：现在请大家把头向右转，把头转回来，这叫“转头”。

现在，把身子向左转，把身体转回来，这叫——

生（齐）：转身。

师：像现在这样改变方向，读转 zhuǎn。

师：什么时候读 zhuàn 呢？我想请一个同学和我合作。

学生上来绕着老师走一圈。

师：像刚才这样绕上一圈，叫转动，转圈。

生：（看多媒体齐读）转头、转身、转动、转圈。

师：现在把词送回句子去，读一读。

生（齐）：风娃娃来到田野，看见一架大风车正在慢慢转动，抽上来的水断断续续地流着。

师：“转”字除了出现在这句话里，它还出现了一次，找找看，哪个句子？

生：风车一下子转得飞快。

师：（指图片）瞧，这就是风力水车，风太小了，风车转得太慢，有时有水，有时没水，这就叫——

生（齐）：断断续续。

师：送回句子再读一遍。

生（齐）：风娃娃来到田野，看见一架大风车正在慢慢转动，抽上来的水断断续续地流着。

师：这架风车转得很慢呀！“慢慢转动”应该怎么读？再来一遍。

生：（语速放慢）风娃娃来到田野，看见一架大风车正在慢慢转动，抽上来的水断断续续地流着。

师：下面这句怎么读？

男生：（语速有点慢）风车一下子转得飞快。

师：感觉这风车转得不快。

生（齐）：风车一下子转得飞快。（“一下子”三个字读得快了）

师：这都是谁的功劳？

生：风娃娃。

师：风娃娃是怎么帮忙的？用横线画出来。

生：他深深地吸了一口气，使劲向风车吹去。

师：你找的句子和我找的一样。谁愿意来读一读？注意红色的字。

指名读。

师：小朋友都当风娃娃，吹一吹。

师：大家演得这么棒，相信你们会读得更好。

生齐读。

师：（多媒体出示秧苗图片）这下风大啦，抽了好多水呀，秧苗喝足了水，它们多高兴啊！

师：（引读）秧苗们——

生：喝足了水。

四、学习第 3 自然段

师：风娃娃又要出发了，咱们一起去看看吧，自由读读第 3 自然段，边读边思考。注意遇到不明白的词语在旁边打个小问号。

生自由读课文。

师：老师看看你的书上有几个小问号。

生：什么是“纤绳”？

生：什么是“纤夫”？

师：你们真会思考，很会提问题，大家先把问题放在心里，我们学完了课文，相信你们一定能解决的。

生：“表示感谢”是什么意思？

师：这个问题谁来解决？

生：“表示感谢”就是别人帮助了你，你对他说“谢谢”。

师：你一定是个懂得感恩的孩子。

生：什么是“船帆”？

生：“号子”是什么？

师：这些问题，老师不急着回答你们，我带来了几幅图，请同学们认真看，也许，你们会从图中找到答案。

看图配声音：纤夫喊号子。

师：刚才的几个同学，你们的小问题都解决了吗？

生：刚才我们听到的“嘿哟，嘿哟”就是喊号子。

生：这些拉船的人就是纤夫。

生：拉船用的绳子就叫纤绳。

师：那么船帆指的是什么呢？

生：船上的那块大大的帆布就是船帆。

师：课文里有句话就是写纤夫拉纤的，动笔从书中找一找。

生：他们弯着腰，流着汗，喊着号子，船却走得很慢。

师：这句话里有三个描写纤夫动作的词，大家动笔圈一圈。

生：弯、流、喊。

师：一起读一读吧。

生齐读。

师：读到这里，你觉得纤夫的工作怎么样？

生：很辛苦。

师：这时候，纤夫们最需要的是——

生：风娃娃的帮忙。

师：瞧，风娃娃来了——

师手势暗示，引读。

生：他急忙跑过去，对着船帆吹起来。纤夫们笑了，一边收起纤绳，一边向风娃娃表示感谢。

师：风娃娃可高兴了，他迫不及待地想回家告诉妈妈呢，你们就是风娃娃，试着说一说吧。

出示：风娃娃来到________，看见________，他________。

生：风娃娃来到田野，看见风车转得很慢，他吹动风车，风车一下子转得飞快。

生：风娃娃来到河边，看见纤夫们拉船很辛苦，他吹动帆船，帮助了纤夫。

师：风娃娃还会做什么好事呢？大家展开想象说一说。

生：风娃娃来到小明家里，看见他满头大汗，风娃娃连忙跑过去，对他使劲地吹风，小明不热了。

师：哈哈，风娃娃比电风扇还好用呢！

生：风娃娃来到操场上，看见小朋友在吹风车，他就使劲向风车吹去，风车飞快地转动。

师：这下小朋友可开心了。

师：除了风娃娃，还有谁也会帮人们做事情呢？

生：氧气娃娃来到珠穆朗玛峰，看到人们呼吸困难，就给人们送去很多氧气。

师：你的知识真丰富，连珠穆朗玛峰都知道。

生：雨娃娃来到沙漠，看到小草快枯死了，他就下了很多雨，小草又变绿了。

师：你是个生活的有心人。

生：海豚娃娃看见有人落水了，他连忙游过去救人。

师：嗯，乐于助人。

五：学习写“吸、极”

师：风娃娃说呀，他想跟小朋友一起学学写字呢。

师：瞧，这两个字宝宝长得可真像，它们是谁呀？

生：吸、极。

师：写字前要先读帖，还记得写左右结构的字时有哪些要点吗？

生：一看宽窄，二看高矮，三看笔画的位置。

师出示多媒体上的读帖要求，生齐读。

师：认真地观察，说一说写这两个字要注意什么。

生：这两个字写的时候要注意左窄右宽。

师：这是俩字的相同点。

生：“吸”是左低右高，“极”是左高右低。

师：这是它们不同的地方。

生：它们的撇都要写在竖中线。

生：木字旁的点要靠下一点，不要写在横和竖的相交点。

师：大家都观察得很仔细，现在请同学们看老师写，大家一起书空。

师范写“极”，生书空。

学生在自己的本子上描红，书写。

师巡视，提醒：注意背挺直，手放平，眼睛离书本一尺远。

师：还有一个左右结构的字“汗”。谁来提醒大家写的时候注意什么？

生：“汗”的横要写在横中线的上面，竖要写在竖中线的右边。

师：（边范写边说）这个字是左窄右宽，还要注意三点水要成一个弧形。

学生在自己的本子上描红，书写。

师：谁愿意把自己写的字展示一下？

师带着大家讲评某同学的字。

师：根据要点，我们一起来给自己写的字打打分。

师：第一，观察这个字有没有做到左窄右宽，做到了，打个五星，你们也看自己的字，要是也做到了，就打个五星。

师：第二，高低有没有按照要求做到了？她写的“极”，没有做到左高右低，五星得不到了。

师：第三，笔画的位置有没有注意？她写的笔画都照要求做到了，再打个五星。同学们，你们都得到几颗了？

师：风娃娃说，做好事真简单，只要有力气就行，真的是这样吗？

咱们下节课接着学。这是今天的作业。

教后反思：

《风娃娃》这一课的重点放在读记生字、写生字、抓重点句朗读、随文理解词语上。

一、反思识字写字教学

1. 渗透形声字的识记方法。在本单元的语文园地中，有专门设计这个知识点，所以我想，在课文的生字教学中，先渗透，降低孩子学习形声字识记方法的难度。利用形象直观的图片呈现出来，字的音、形、义，学生一下子就明白了。

2. 多音字“转”的区分。它的两个读音特别难区分，于是我就用做动作的方法来教学，学生一下子就明白了。再由“转”字入手，抓出描写风车转得慢、快的句子，比较读，体会这是风娃娃帮忙的结果。

3. 写字的教学。培养学生先读帖的习惯，告诉学生观察字要从整体到部分，并学会评价。

二、反思阅读能力的培养

1. 通过抓关键词句“断断续续”“一下子转得飞快”，理解风娃娃给风车带来的帮助。

2. 学习第3自然段的时候，让学生自主阅读，并提出质疑。学生提出了好多问题，“号子是什么？纤夫、船帆是什么意思?”……我并不急于解答学生的问题，而是播放一段视频，所有问题都迎刃而解。学生能自己提出问题，说明他在阅读时动了一番脑筋，在原有的知识结构中寻找答案，但还是不明白。就好像让学生摘桃子，没摘到，就差跳起来这一步。教师在这时助学生一臂之力，学生自主解答，记忆就非常深刻。

三、反思朗读能力的培养

我个人认为，低段的教师应教给学生一些朗读的技巧。比如，在教学“风娃娃来到田野，看见一架大风车正在慢慢转动，抽上来的水断断续续地流着”句子时，我在让学生感悟大风车在转动时很吃力后，问学生词语“慢慢转动”应怎么读？学生回答说：读得慢一些。对啊，这就是朗读的技巧。低段的学生不知道怎样才叫有感情地朗读，仅仅靠感悟是不够的。我们教师应通过感悟再教给他们一些朗读技巧。如感悟到伤心时，语速可以放慢；感悟到着急时，语速可以快些；感悟到快乐时，语速可以轻快些；等等。然后，再让学生画出这些重点词，目的就是让学生注意在朗读时应注意这些重点词语。这样才能有感情地朗读。我个人认为，在低段的时候就注意培养学生通过画重点词语来读好句子，到了高段，学生的朗读和感悟能力应该是不会差的。

四、不足之处

本课还设计了语言训练点，我设计了三个坡度，慢慢地扶着学生，到最后放手让学生自己想象。上课之前，我心里一直很忐忑，不知学生会说成什么样子，毕竟，难度是有点大的。在实际的上课过程中，我按部就班，当提问的第一个孩子没有按我的设计用课文里的示例来回答，我就鲁莽地打断她的发言，致使学生的发言中断了。有几个孩子的发言还是比较精彩的，但由于时间关系，没能多提问，让更多的学生得到锻炼，很遗憾。

二、"略读课"，想说爱你不容易
——评略读课《青山处处埋忠骨》同课异构

2014年10月，听了两位老师同课异构的略读课《青山处处埋忠骨》。课后感想——"略读课"，想说爱你不容易。

【课文简析】

《青山处处埋忠骨》是五年级上册第八组的第三课，略读课文。"走近毛泽东"主题的课文编排，目的是领悟描写人物的一些基本方法，感受毛泽东的伟人的风采和凡人的情怀。第一课是毛泽东的《七律·长征》，第二课是《开国大典》，这两课都体现了作为诗人作为领袖的毛泽东的风采，第三课是作为父亲的毛泽东的普通人情结。

文章主要讲了毛泽东的爱子毛岸英在抗美援朝的战争中光荣牺牲后，毛泽东惊悉这个噩耗后极度痛苦的心情和对岸英遗体是否归葬的抉择过程，表现了毛泽东常人的情感，超人的胸怀。

全文以毛泽东的思想感情变化为线索，先写彭德怀从朝鲜发来的有关毛岸英牺牲的电报内容和毛泽东收到电报后的巨大悲痛；再写彭德怀要求送回岸英遗体，而金日成首相要求把岸英葬在朝鲜的意见分歧。面对这种抉择，毛泽东最后作出了将爱子葬于朝鲜的艰难痛楚的决定；之后写毛泽东强忍悲痛，在电报上写下了"青山处处埋忠骨，何须马革裹尸还"的批示。

文章通过细节描写突出毛泽东鲜明的性格特点，展示他凡人的情怀和不同凡人的胸怀，如通过对毛泽东动作、语言、神态的细致刻画来反映他的内心世界，通过心理描写突出性格特点，这是本文在表现手法上的基本特点。作者颇具匠心，选取最能表现人物精神境界的一个片段，反映出人物的崇高境界，读后让人肃然起敬。

【课堂一回放及点评】

一、谈话导入

1. 教师深情介绍文章的时代背景。

2. 全班齐读课题。

（评：介绍时代背景，创设与课文基调一致的情境，使学生很快入情入境，所以学生齐读课题很深情。）

二、初读课文

1. 出示自学要求，自由读文，检查生字新词自学情况。

2. 出示填空提示说课文主要内容。

（评：留给学生足够的读书时间，这是略读课必须的，从检查情况看，学生对生字和课文主要内容的把握都比较到位。）

三、个性阅读

1. 默读课文，勾画批注丧子之痛和抉择之痛的语句。

2. 交流感受，了解写法，指导朗读。

（评：在这个环节，学生几乎没有表达自己的体会，全班都很沉默，老师也没设阶梯引导学生去表达，最后只是通过引读的方式以读代讲。大多数学生没有提升，只是像贴着标签一样明白这是语言描写、那是动作描写等。）

四、小练笔

“电文稿下是被泪水打湿的枕巾。”请你展开想象，从这句话中你看到什么，听到什么。运用这节课学到的描写人物的方法写一段话。

（评：这个设计非常好，既是运用这节课学到的描写人物的方法仿写，也是文章的补白，可惜没有学好描写人物方法，所以学生写得不够好。）

【课堂二回放及点评】

一、激情导入，回顾伟人风采

1. 出示毛泽东的诗句，指名读，全班读。

2. 了解毛泽东是杰出的政治家、军事家，也是杰出的诗人、书法家，导入新课，认识一个作为父亲角色的毛泽东。

（评：由于年代久远，学生对毛泽东不一定有多少了解，况且教学没随进度走，本单元前两篇课文都还没教。老师巧妙地用毛泽东的诗词导入，伟人的风采立刻在学生的心中立起来，敬仰之情油然而生。学生带着这样的情感进入课堂，已经拉近了和文本的距离。老师亲切、自然，语言生动，激情澎湃，学生也一下子和她亲近起来。）

二、了解主要内容

教师出示填空题，学生同桌合作完成。

毛泽东的爱子（　　）在（　　）战争中不幸（　　），主席收到电报后（　　），彭德怀请求（　　），金日成要求（　　），这个抉择让主席十分（　　），最后主席选择（　　）。

（评：概括文章主要内容到了五年级还用填空的形式来辅助，况且填的只是词语。我认为浅了点，应该让学生自己概括，即使磕磕绊绊也没有关系，学习语文就是在这样不太成功的失败中不断成长，学生的语文素养才能得到提升。）

三、自读课文，学生找丧子之痛的语句，领悟写作手法

1. 同桌合作找主席悲痛的语句。

2. 出示教师用不同符号标记的第 3 自然段，引导学生领悟描写人物的方法。

（评：教师特别注重合作学习，在找句子时自己先找，再和同桌交流，甚至前后桌合作，这样学生不但有自己的智慧，还可以借鉴别人。学习共同体能够促进学生更好地学习。在第 3 自然段用“____”“△”“=”“（　　）”描写人物的方法进行标记，再加上毛岸英童年资料的链接，相聚视频的播放，引导学生很快概括出描写人物的方法：动作描写、心理描写、数量渲染、对比反衬。教师设计很巧妙，课堂气氛很活跃。）

四、以读促悟，感受内心冲突

用“儿子活着不能相见，就让我见见遗体吧”这句话与下面作为领袖不能搞特殊化的四句话进行对比读。

1. 战争嘛，总是要死人的。

2. 朝鲜战场上我们有多少优秀儿女献出了生命，他们的父母难道就不悲痛吗?

3. 他们就不想再见一见儿子的遗容吗?

4. 岸英是我的儿子，也是朝鲜人民的儿子，就尊重朝鲜人民的意愿吧。

（评：这样一对比读，主席那强烈而复杂的情感，学生就深刻体会到了，同时文章的又一秘妙被发现了——内心冲突。）

五、品诗句，升华“爱”

理解：“青山处处埋忠骨，何须马革裹尸还”的意思，体会超越了亲情、跨越了国界的爱——大爱无疆。

（评：在这一环节，老师让学生明白了主席的抉择，同时链接了主席的遗物中完好保存着岸英的几个物件，学生们深深感受到毛泽东的伟大人格：爱儿子、爱祖国、爱世界和平——大爱。一切都是那样的润物无声，悄然打动学生心灵。一节课，老师用了1小时零5分钟。）

【我的建议】

略读课文的教学要运用精读课学到的方法，略读应该成为培养学生阅读能力的主阵地，从而提高学生的语文素养，让学生有能力、有方法、有兴趣阅读更多的书籍。

所以略读课应该“教略学丰”，要做到这一点，选取精读点显得尤为重要，选好精读点才能做到精略相辅，略中有精。

对于《青山处处埋忠骨》，重点是进一步了解描写人物的方法。这一课中虽然有引导同学们发现渲染、动作描写、心理活动、对比反衬、内心冲突等方法，但这些是不是在这节课中都要学？我认为，在这一册第六组“父母之爱”中就已经学习了“怎样通过外貌、语言和动作描写人物”了。所以在这节课中就不要花大力气，对比反衬和内心冲突不是这一单元要求学的，这一节课也可以不讲。那么讲什么呢？就讲“心理活动描写”，况且心理活动还是这课很重要的描写方法，这样就可以省下时间让学生更多地学习实践。

我建议的教学设计是这样的。

一、激情导入，回顾伟人风采

1. 读诗导入。

2. 通过一组资料回顾伟人风采。（采用课堂二设计）

二、检查预习，概括主要内容

1. 认读生字新词。

2. 概括主要内容。

三、自读课文，领悟写法，体会情感

自学要求：同桌合作，找出主席丧子之痛和抉择之痛的心理活动的语句。

（一）走进主席内心世界，感受丧子之痛。

1. 多媒体出示语句。

当年，地下党的同志们冒着生命危险找到了岸英，把孩子送到他身边，后来岸英去苏联留学。在国外的大学毕业后，他又亲自把爱子送到农村锻炼。

那一次次的分离，岸英不都平平安安回到自己的身边来了吗？这次怎么会……

2. 学生自己读，自己体会，全班齐读。

3. 出示毛岸英悲惨童年的资料，学生快速浏览了解。

4. 出示毛岸英与主席快乐相聚，激动地大声呼喊“爸爸”的视频。

5. 引导说话：“这次怎么会……”

6. 个别读，接读，师生配合读。

（二）走进主席内心世界，感受抉择之痛。

1. 多媒体出示。

儿子活着不能相见，就让我见见遗体吧！	①战争嘛，总是要死人的。 ②朝鲜战场上我们有多少优秀儿女献出了生命，他们的父母难道就不悲痛吗？ ③他们就不想再见一见儿子的遗容吗？ ④岸英是我的儿子，也是朝鲜人民的儿子，就尊重朝鲜人民的意愿吧。

2. ①②③④逐句出示，生生对比读。

3. 明白“青山处处埋忠骨，何须马革裹尸还”的意思，理解主席的抉择。

四、运用写法，书写大爱

1. “电文稿下是被泪水打湿的枕巾。”利用学到的描写人物心理活动的方法，写一写毛主席都想了些什么。

2. 在音乐声中，学生练笔。

3. 反馈点评。

关于略读课的目标定位、流程推进、教学内容的确定，大多数老师还是有一定了解的，但作为公开课，有的老师不敢讲，怕上成精读课。有的老师不敢放手，怕课堂冷场课不好听。所以就会出现以上两节课走极端的现象。在略读课的教学中一定要重视略读方法的训练，整体设计要略，追求简约，重点感悟要丰，追求扎实，目标指向略读能力培养，指向语言文字运用。可以依据文本语言特点来确定教学内容，也可以依据学生学习起点确定教学内容，还可以依据课前提示语确定教学内容。

要让略读课简约而深刻，说起来容易，做起来难，就让我们心存期待，静待花开吧！

第四节　生成：享受简雅课堂

一、建构雅趣课堂　导向简雅表达
——《带刺的朋友》（第二课时）教学实录及点评

（评析：福建教育学院　卢永霞　福建省语文学会小语专委会　陈宝铝）

（一）我会写

师：同学们，今天我们继续学习第23课《带刺的朋友》，一起把课题读一读。（齐读课题）

（出示）带刺的朋友、刺猬、枣树。

师：用上这三个词语说说，通过上节课的学习你知道了什么。

生：《带刺的朋友》是刺猬，写的是它爬上枣树偷枣的故事。

（师板书：偷枣）

师：你们知不知道枣树上也有刺？

（出示带刺的枣树图片）

师：这时候，你有什么要说的吗？

生：我对小刺猬有些担心了，它爬上枣树可不容易。

【简析】出示关键词语让学生回顾上一节课的学习内容，唤起学生对文本主要内容的记忆，为下面的教学作铺垫。从课题的“带刺”引出爬树的困难，激起了学生的阅读期待，这样的导入注意前后联系，简洁、有效。（陈宝铝）

【出示】依次出示“枣”字、带刺的植物图片和“朿”字。

师：同学们看，这是“枣”字，这是生活中带刺的一些植物，古人是这样写“朿”的。大家用手画一画。

师：一起读“朿”，（生读）用些力，（生大声读）长的朿，（生读得长长的）短的朿。（生读得短短的）（师用紫外线笔指“枣”的上面部分）读上面部分，（生读“朿”）读整个字，（生读“枣”）。

师：“朿”字可以在上面一半，也可以跑到左边一半，仔细瞧瞧，“朿”

在不同的地方长得不一样，就像孙悟空一样会变化。

生：“枣”字的上面“朿”的最后一笔是捺，到“刺”这边变成点。

师：第一处发现。

生：“朿”在“枣”字上没有勾，在“刺”字上有勾。

师：你观察得很仔细。

生：“朿”在“枣”上面要写得宽扁，在“刺”字左边要写得细长。

师：了不起的发现。

师：请同学们翻开课本第 96 页，在这两个生字旁边各写一个。写完同桌互相检查一下，写对了给他点赞，写错了，让他再写一个。

【简析】识字写字是三年级阅读教学的重要内容。虽然学生已经具备初步的独立识字能力，但对于一些形近字形、形近笔画却容易因分辨不清而出现认错、写错的现象。林老师巧妙地将本课要求掌握的生字“刺”和“枣”放在一个共同的语境中，通过汉字演变、图片演示、观察字形等方法，帮助学生认识了部件“朿”，辨析了这个共同的部件在“刺”和“枣”中的位置和写法，使他们轻松理解了字义，又掌握了字形，可谓音形义自然融合的典范教学。（卢永霞）

【简析】识字教学仍是三年级的重要任务之一，但有了前两年的学习基础，教学时应更加注意引导学生自主学习，发现生字在音形义方面的规律。林老师很注意这一点。她引导学生抓住关键部件“朿”，出示图片和古体字认识“朿”字，引导发现“朿”在“刺”和“枣”中书写的不同，进而正确书写“刺”和“枣”。这是第二节课，教者仍插进识字教学，可见是采用了随文分散识字的方式。这种方式的好处在于分散识字难点，与阅读教学有机结合。（陈宝铝）

（二）我会找

师：宗介华爷爷是这样评价小刺猬偷枣的本事的。我们一起读一读。

【出示】我暗暗钦佩：聪明的小东西，偷枣的本事可真高明啊！

（全班齐读句子）

师：下面我们要看看，小刺猬怎么聪明，偷枣的本事高明在哪里？

【出示】请同学们默读课文第 2—10 自然段，看看小刺猬偷枣的本事高明在哪里。

【简析】从作者的概括性评价语言切入，这个点选得好！这样可以让学生阅读思考的方向十分明确，同时也有助于培养学生抓中心句读懂课文的能力。(陈宝铝)

师：默读，就是只用眼睛看，不出声音，不用手指。大家试试看。

(学生学习默读，寻找小刺猬偷枣的词语句子。时间 3 分钟)

师：我们一起来看看，小刺猬高明的偷枣本事分几步完成呢。

(学生反馈，教师引导并板书：爬、摇、掉、归拢、扎、跑)

生："一个圆乎乎的东西，正缓慢地往树上爬……""仍旧诡秘地爬向老树杈，又爬向伸出的枝条……"第一步是"爬"。

师：这位同学回答问题的习惯真好，先读句子，再概括步骤。是啊，枣树上有刺，爬上去不容易。

生："那个东西停住了脚，兴许是在用力摇晃吧。"第二步是"摇"。

师：小刺猬真聪明，它知道要摇动枣树不容易，于是它爬向树杈外的枝条，摇动枝条需要力气就不用那么大了。

生：(读完句子说)第三步是"掉"，小刺猬真本事，从树上掉下来都毫发无损，要是我们从树上掉下来就惨了。

(众生笑)

生：(读完句子说)第四步是"归拢"，把散落的红枣归拢到一起，方便扎在背上，太聪明了，太高明了。

生：(读完句子说)第五步是"扎"，打一个滚就会把红枣全扎在背上，好高明啊。

生：(读完句子说)最后一步是"跑"，三十六计走为上计，赶快跑回家。

【简析】紧扣"小刺猬高明的偷枣本事分几步完成"这个问题，让学生读句找词，旨在于让学生读懂长句，厘清句子之间的内在层次，培养概括能力，这些都是三年级教学必须强调的内容。(陈宝铝)

【出示】小刺猬偷枣的本事真高明。

先是……接着……再接着……紧跟着……然后……最后……

师：用上这些关联词把这些高明的本事嵌进去，这样说，就有顺序了。

生：小刺猬偷枣的本事真高明。它先是爬上树，接着摇树，再接着掉，紧跟着归拢，然后扎在背上，最后跑走了。

师：讲是都讲到了，就是让人听不明白，这样讲不是我们三（6）班孩子的水平。(出示思维导图)

师：看着思维导图，你会不会好讲一点，再试试看。

生：小刺猬偷枣的本事真高明。它先是爬上树，接着摇晃树枝，再接着从树上掉下来，紧跟着把散落的红枣归拢一起，然后打一个滚把红枣扎在背上，最后跑走了。

师：有进步，还是不够吸引人。不过没关系，我们来品一品一些词语、句子，一定对我们讲好刺猬高明的偷枣本事有很大的帮助。

【简析】统编教科书中课后练习是重要的助学系统之一。课后第2题要求“以‘小刺猬偷枣的本事真高明’为开头，用自己的话讲讲刺猬是怎样偷枣的”，林老师这个片段的教学正是对这一要求的有效落实，这是基于她对教学目标与内容的准确定位和把握。她以“刺猬偷枣的本事高明在哪里”这一问题为统领，引导学生梳理刺猬偷枣的过程，并提炼相应动词作为复述故事的拐杖，先后提供连接词和思维导图，帮助学生把刺猬偷枣的过程说得更加清楚明白。在此基础上，老师进一步提出讲得吸引人、讲得生动有趣的要求，并顺势把学生带入品读生动语言的教学环节。如此教学，目标简明，层层递进，步步攀升，充分展现了学生阅读、思考、表达的语文学习过程。（卢永霞）

【简析】利用文本语言学表达，这是很值得提倡的。复述就是一种很好的方法。这是本课的第一次复述，林老师提供了两个支架帮助学生。一是语言支架——关联词；二是思维导图。让学生把动词一一嵌进关联词中，讲述“小刺猬偷枣”的过程。学生讲得比较粗糙，不生动，这是很正常的，但他们都明确了六个顺序中的六个关键动词不能丢。(陈宝铝)

（三）我会品

师：什么是品文字呢？品文字，就是读着读着，你发现这一段话有一个词或两个词特别上你的心，也就是走进你心里去了，就可以在那里停一停，就像我们吃菜一样，品品味道，知道吗？

【出示】第一组

“一个圆乎乎的东西，正缓慢地往树上爬……”

“那个东西一定没有发现我在监视它，仍旧诡秘地爬向老树杈，又爬向伸出的枝条……”

（学生自读体会后，反馈，教师引导）

生：（读完句子）我觉得“圆乎乎”把刺猬写得好可爱。

师：是啊，如果长得胖就可以说（生答：胖乎乎），黑呢？（生答：黑乎乎）傻呢？（傻乎乎）晕呢？（晕乎乎）是啊，这样我们就从一个词联想到很多词。

生：（读完句子）我觉得“缓慢”用得好。

师：它为什么要爬这么慢？

生：因为是偷枣，缓慢有偷偷摸摸的感觉。

师：你读一读。

生：（读完句子）“诡秘”更有神神秘秘、悄悄的感觉。

师：你读一读。

（生读）

师：读得流利，就是鬼鬼祟祟的感觉不够。建议你读的时候，把“诡秘”小声一点读，来重新读，读出一百分。

（生再读，果然读出了那种感觉）

师：所以，强调的词，不一定要大声，有时小声也是强调。

【简析】在这里，林老师用“特别上心”引导学生去感受“生动的词语”，就把语文要素具体化，使学生学习的方向更为明确。整个过程是让学生自己去感受，去品味，教师只是点拨、指导。值得一提的是林老师还进行了扩词的引导，让学生从“胖乎乎”引出了“黑乎乎”“傻乎乎”“晕乎乎”，丰富与发展了学生的词汇。同时又有机结合朗读教学，告知学生“重音轻读”的方法：强调的词，不一定要大声，有时小声也是强调。这样的朗读指导是实在的，有效的。（陈宝铝）

【出示】第二组

“那个东西停住了脚，兴许是在用力摇晃吧，树枝哗哗作响，红枣噼里啪啦地落了一地。”

“树上那个家伙就噗的一声掉了下来。”

师：在这组的句子中有 3 个模拟声音的词，找找看。

生：哗哗、噼里啪啦、噗。

师：都被你们发现了。它们都是模拟什么的声音。

生："哗哗"是树枝的声音，"噼里啪啦"是红枣落下来的声音，"噗"是刺猬掉下来的声音。

师：用上这些词和没用上这些词有什么不同？自己读读，体会体会。

生：用上这些词让人感觉仿佛听到了声音一般，有种身临其境的感觉。

师：你来读一读。（生读）还真的呀，所以我们等下再讲的时候也不要忘记它们。

师：会不会品，再测试一下大家。

【简析】第二组语句的品析，指向十分明确，就是三个模拟声音的词，教学的重点在于让学生体会这些拟声词在文本中的作用，这就是在培养学生初步的鉴赏语言的能力。（陈宝铝）

【出示】第三组

它匆匆地爬来爬去，把散落的红枣逐个归拢到一起，然后就地打了一个滚儿。你猜怎么着，归拢的那堆红枣，全都扎在它的背上了。立刻，它的身子"长"大了一圈。也许是怕被人发现吧，它驮着满背的红枣，向着墙角的水沟眼儿，急火火地跑去了……

生："匆匆地"和"急火火"，都是很快。

师：你读一读。（生读）全班读。

生："就地打一个滚"很好玩。我觉得刺猬高明，一个滚儿就能把红枣全都扎在背上。不高明的小刺猬可能就要打好几个滚儿。

（众生笑）

生："长"大了一圈，说红枣很多扎在背上，让它变胖了。

师：真好，读了一段话之后，总有几个词印刻在脑海中，并且觉得这个词用得好，这就叫品。大家可能品的词语不一样，就是品同样的词，体会也会有所不同，每个同学能品出一个，两个，甚至三个就是高水平了。

【简析】林老师带领学生品读生动语言这个教学片段十分精彩！首先，她的教学具有很强的儿童性。对于三年级的学生来说，品读文字是很抽象，也是很难教的。林老师巧妙地将品味语言的感觉与品尝美食的感觉联系起来，化抽象为具象，轻松化解难点，使学生对品读语言有了初步的感知。其次，林老师独具匠心地将散布在课文中的生动语句分成三组，引导学生在相同表达特色的语句中发现规律，获得启发，并通过有感情地朗读表达自己的理解和感受。最后，林老师对品读语言的总结提升也非常精当，给予学生很好的指导和鼓励。(卢永霞)

【简析】这个环节的品析词语与前两组的教学相比，显然有所放开，让学生自行捕捉，自行感悟的味道更浓！(陈宝铝)

(四) 我会复述

师：想想小刺猬偷了满背的红枣回来，家里人都等着呢，它会和家人怎么说？我们认为它是偷枣，对它来说一定是个难忘的夜晚。它会如何把经历告诉家人？

【出示】偷枣记

"今天晚上啊，我趁着朦胧的月光……"

可以选用"先，接着，再接着，紧跟着，然后，最后"等词语。

师：四个人一个小组，一人说，其他同学提提建议。

(四人小组练说，时间 3 分钟)

师：谁能做小刺猬家族的英雄。(指名说)

生：今天晚上啊，我趁着朦胧的月光先缓慢地往树上爬，又爬向老树杈，爬向枝条，接着我用力摇晃树枝，树枝哗哗作响，红枣就噼里啪啦地落了一地。再接着我就噗的一声从树上掉下来，紧跟着我匆匆把散落的红枣归拢到一起，就地打了一个滚，把红枣都扎在背上，最后我驮着满背的红枣跑回来了。你们看……

师：刺猬家族的成员要发言吗？

生：谢谢你呀，要不是你，我们可要挨饿了。

生：你的技术好高明呀，下次也带上我吧。

(众生笑)

师：课上到这里，我们通过找，通过品，通过复述，知道这小东西偷枣的本事真够高明的。

(出示总述句，全班齐读)

【简析】在充分体会生动语言的基础上，设计复述故事的环节，这不仅是对课后练习 2 的进一步落实，也是对课后练习 1 学习成果的运用展示。林老师巧妙设计了以刺猬为第一人称的《偷枣记》这一学习活动，让学生在多种

形式的互动交流中获得语料积累和言语表达双重提升。(卢永霞)

【简析】经历了前面的学习过程，学生对“刺猬偷枣”具备了内容框架和语言储备。此时，教师创设了有趣的情境，让学生把自己当作小刺猬，以第一人称来讲述“偷枣”的过程。这个设计符合学生的年龄特征和心理特点，学生参与者的积极性高。他们不仅能结合课文内容，还能加入自己的课外阅读和生活经验进行复述，整个过程情趣盎然。(陈宝铝)

【出示】我暗暗钦佩：聪明的小东西，偷枣的本事可真高明啊!

师：起先，宗介华爷爷不是这样称呼小刺猬。(出示另外两句：“那个东西一定没有发现我在监视它。”“我还没弄清楚是怎么回事，树上那个家伙就噗的一声掉了下来。”)他是怎样称呼的呢?

生：那个东西、那个家伙。

师：(三个称呼变成红色)读一读这三个词，你什么发现?

生：“那个东西”比较平淡，不带什么感情。“那个家伙”显得比较亲近了。“小东西”就很亲昵很喜欢，显得格外亲近了。

师：是啊，宗介华爷爷对小刺猬的情感逐步加深了，不仅赞叹，还特别好奇。

【简析】称呼不同，表达的情感也不一样。林老师从第三句入手，设疑引发学生探究的好奇，引导学生通过对比阅读的方式，有所发现，有所领悟，从而体会到随着作者对刺猬的了解不断深入，他对小刺猬的情感也在逐步加深，这一情感的变化正是通过对小刺猬的称呼变化来体现的。如果能带领学生通过朗读来加深体会就更好了。(卢永霞)

师：它住在什么地方呢？离这儿远不远？窝里还有没有伙伴？你们想知道吗？宗介华爷爷在《带刺的朋友》中除了写刺猬偷枣，还写了小刺猬一家的很多故事，(出示书的图片)找来读一读，然后和同学交流你对小刺猬有了哪些新的印象，再把小刺猬偷枣的故事讲给爸爸妈妈听。

(下课)

【简析】好的教学当如是，下课并不意味着学习的结束，而是意味着新的阅读、新的学习、新的思考由此开启。课至尾声，林老师设计了一系列充满了好奇的问题，启发学生课外阅读宗白华的《带刺的朋友》原文，这既是对课后练习 3 的有效落实，也是一名优秀教师的自觉追求。(卢永霞)

【简析】注重前后联系，引导学生从作者对小刺猬的称呼的变化，来体会作者对小刺猬的感情。这是理解词语的教学，也是体会作者情感的教学。重要的是在培养学生读文时要细致，要思考。最后利用课文的结尾，结合课后的选做题，推荐宗介华的散文《带刺的朋友》，起到了以课文的学习带动阅读原作的作用。(陈宝铝)

板书设计：

23. 带刺的朋友

偷　枣

爬　摇　掉　归拢　扎　跑

总评：

纵观林老师这节课，有几个亮点值得我们学习和借鉴。

1. 紧扣语文要素，确定教学内容。语文要素是统编教科书的重要概念，它提示了各单元、各课教学的目标和内容。林老师这节课的教学就紧扣本单元的语文要素“感受课文生动的语言，积累喜欢的语句”，结合学段目标和课后练习的助学提示，确定了识字写字、复述故事、品读语言、体会表达等内容，目标简明，内容精当，有利于一课一得，学有所获。

2. 依据学习规律，实施有效教学。学生学习是一个由不会到会、由少知到多知、由浅入深的过程。林老师这节课就充分体现了一个让学习真正发生的过程。比如复述故事，虽然过去二年级也练了不少，但围绕中心句来讲故事，却是头一回。如何帮助学生由浅入深、由会到好地复述呢？林老师带领学生亲历了爬坡式的学习过程，第一步，围绕中心句，梳理偷枣过程；第二步，提炼关键动词；第三步，提供连接词把故事说得有条理；第四步，借助思维导图把故事说得更清楚；第五步，品读生动语言，积累复述语料；第六步，角色扮演，有序、生动地复述故事。如此教学，环环相扣，循序渐进，教学效果明显。

当然，本课亮点纷呈，可圈可点之处还有很多，鉴于篇幅，不一一展开。总之，本课的教学扎实而有效，灵动而活泼，对于如何使用统编教材教学、培育学生核心素养颇有启发。(卢永霞)

总评：

林枫老师的课秉承了她一向的风格，也体现了“简雅”的教学主张：教学目标明确、集中，教学环节简洁、利落，教学过程注重启发、充满情趣。具体说，有如下三点特色。

1. 紧扣课后习题，简而明确。

在这节课中，除了结合课文教学“枣”与“束”外，其余的教学活动都是围绕课后的练习进行：一是体会生动的语言；二是学会用自己的话讲刺猬是怎样偷枣的；三是体会“我”对刺猬的情感变化。在课堂教学即将结束时，教者结合选做题，推荐作者宗介华的原作《带刺的朋友》，激发学生课外阅读的兴趣。这样的教学，目标明确、集中，内容清楚、明了，教学环节简洁而有序，较好地体现了编者意图，课堂也容易实现高效。这是应该提倡的一种备课与教学的思路。

2. 落实语文要素，简而有味。

在每个单元安排语文要素是统编版小语教材最为突出的特点，也是最大的亮点。如何围绕着单元语文要素设计教学，应是实施统编版小学语文教学，提高学生语文素养的首要问题与关键所在。本单元的语文要素是“感受课文生动的语言，积累喜欢的文句”。从上述教学可以看出，教者把这个语文要素的落实置于教学的首位，花了较大的力量予以突破。更值得一提的是，教者没有生硬地进行这方面的教学，而是精心设计教学，巧妙地将语文要素的落实融于整个教学之中，体现了“抓重点，巧指导”这一简雅教学的特点。比如，教者这样启发学生：“……读着读着，你发现这一段话有一个词或两个词特别上你的心，也就是走进你心里去了。就可以在那里停一停，就像我们吃菜一样，品品味道……”用“特别上心”来替代“生动”。语文要素就更加具体化、形象化，更具有操作性。整个过程，由浅入深，从扶到放，循序渐进，水到渠成，学生较为深刻地感受了文本中生动的语言，积累了一些喜欢的文句，为后面的复述打下了基础，也有效地培养了学生品析语言的能力。

3. 注重培养表达能力，简而有趣。

充分利用文本学表达是林枫老师本节课的又一特点。围绕着“小刺猬怎样偷枣”，教者精心安排了两次复述。第一次复述，教者从作者的评价语切入，引导学生依据“小刺猬偷枣的本事高明在哪儿”这个问题，去读懂相关内容，厘清内在层次；然后提供了关联词与思维导图两个支架，让学生进行复述。提供关联词，让学生把六个动词嵌入其中进行复述，目的是让学生有序、规范地表达。对于三年级学生而言，这还是有一定的难度的，而安排思维导图就是针对这一困难，力图降低学生复述的难度。第二次复述重在创设交流的情境，让学生化身为小刺猬，用第一人称来讲述偷枣的过程，使复述充满了情趣，课堂也增加了活力。从课堂实践看，两次复述由浅入深，层层递进，较好地培养了学生口头表达能力，也促进了学生理解书面语言的能力。

从教学实践看，林老师这种设计有其合理性，也收到了一些实效，但不可否认，第一次复述有“简要复述”的影子，在一定程度上增加了复述的难度。第二次复述则有“创造性复述”的因素。从教材整体安排看，三年级着重训练详细复述，四年级训练简要复述，五年级训练创造性复述。根据这一安排，本课的复述可定位为详细复述，让学生用自己的话讲述“刺猬偷枣”的过程，这样，学生复述时选词用语的自由度会大一些，难度自然也就降低了。另一方面，这样做也可以使本环节与“感受课文生动的语言，积累喜欢的文句”这一语文要素的联系更紧密些。两种教法孰劣孰优，大家可以进行比较。

由此，也引起了我对进行复述训练这一语文要素的进一步思考：总体上应遵循教材编者的安排，各年级有所侧重，进行集中性的、强化式的训练；具体可以根据实际情况灵活处理，进行分散性的、铺垫式的训练。比如，林枫老师在本节课中第二次指导复述所采用的具有创造性复述因素的训练，就比较活泼、有效。只有这样，才能真正做到“前有孕伏，后有发展”，实现语言训练的螺旋式上升。反之，认为教材安排三年级进行详细复述，其他的两种都不能进行，是否会陷入机械、呆板的境地？这个问题值得我们继续思考、探究。（陈宝铝）

二、童年简约重临　课韵雅美氤氲

——《冬阳·童年·骆驼队》（第一课时）教学实录及点评

（点评：福建省小语专委会　陈宝铝）

（一）童年重临——四件事

师：同学们，刚才我们看的是电影《城南旧事》的主题曲《送别》的MTV。《城南旧事》是台湾的著名女作家林海音写的。林海音小名英子，她五岁的时候，随父母亲从台湾来到北京，在那里度过了难忘的童年、少年、青年时光。

师：今天，我们就来学习这本书的序言《冬阳·童年·骆驼队》。我们一起把课题读一读。(全班齐读课题)

师：用两个间隔号将三个词语组合在一起，读起来像诗一样美，慢慢读，它会给我们留下更多美好的画面。(全班再次齐读课题)

师：真好!《冬阳·童年·骆驼队》的结尾这样写道：(出示多媒体）我默默地想，慢慢地写，又看见冬阳下的骆驼队走过来，又听见缓缓悦耳的驼铃声。(师深情地朗读)

【简析】整节课在优美而略带感伤的《送别》乐曲中拉开了帷幕。教者三言两语的简介和音乐完美地结合到一起，转瞬间就将学生从当下带回到了几十年前的老北京城南，带入了课文所勾勒的童年生活、所营造的怀旧气氛中。接着，教者抓住了课题的奇特之处——两个间隔号，但没有做理性的解释，只是从美读的角度，加以引导，一句“它会给我们留下更多美好的画面”巧妙地揭示了题目的特点，接着教师直插结尾，深情朗读。整个导入环节可以说颇具匠心，简洁清晰，且富有美感。

师：小英子回味童年重临于心头哪些往事？请同学们打开课本第 26 页，静静地读，默默地想，拿起笔在旁边简单写一写。

(生默读，师巡视)

生：第一件，学咀嚼。

师：“咀嚼”是这课的新词，要会写，我请一个同学来写，其他的同学在书的空白处写一个。

师：“嚼”是一个多音字，在“咀嚼”这个特定的词语中读 jué，它还有两个读音，一个是 jiáo，看在第 5 自然段中“慢慢地嚼”读成 jiáo，另一个读音是 jiào，“倒嚼”，书上有这个词意思的句子，你知道是哪一句?

请大家看第 8 自然段，“您不是说，它们走上三天三夜都不喝一口水，只是不声不响地咀嚼着从胃里倒出来的食物吗?”“咀嚼着从胃里倒出来的食物”叫做“倒嚼 [dǎo jiào]”也叫做“反刍”。

【简析】高年级仍有一定的识字教学任务，只是教学方法有别于中低年级。林老师深谙此道，在学生汇报第一件事的过程中，抓住新词“咀嚼”，点明多音字不同读音不同意思之后，启发学生去文中找出另一处写到的“咀嚼”，启发学生自主识字、在难点处着力。

师：（在“咀嚼”前板书：学）第二件事呢？

生：第二件事是小英子问爸爸，骆驼为什么要系铃铛？

师：爸爸回答了，小英子也表达了自己的看法，也用三个字，谁会概括？

生：谈论铃铛。

师：四个字啊。

生：谈驼铃。（师板书：谈驼铃）

师：第三件事？

生：剪驼毛。

师：剪了吗？

生：没有。

生：四个字：想剪驼毛；三个字：想剪毛。

师：没加上“剪”表达不准确，去掉“驼”表达不明确。遇到这样的情况，不要强求用三个字。（师板书：想剪驼毛）

师：第四件事？

生：问去向。

生：问去处。

生：问行踪。

师：都行，我就选“问行踪”板书。（师板书：问行踪）

师：英子童年的这四件往事都和什么有关？（全班齐：骆驼）所以英子这样写道：我默默地想，慢慢地写，又看见冬阳下的骆驼队走过来，又听见缓缓悦耳的驼铃声，童年重临于我的心头。

（全班齐读后，师指导朗读，全班再读）

【简析】整体把握课文内容是读懂课文很重要的一个环节，也是培养学生提取信息，解释整合与推断能力的重要途径。在这个环节里，林老师舍得花时间让学生自读自悟；而在学生交流汇报的过程中，教者注意引导学生用简洁的语言进行概括，而在是用三个字还是四个字概括第三件事上，体现了灵活性，很好地培养概括能力与整体把握能力。

（二）童年重临——学咀嚼

师：让我们一起走进小英子童年“学咀嚼”的这段文字。

（出示）那样丑的脸，那样长的牙，那样安静的态度。它们咀嚼的时候，上牙和下牙交错地磨来磨去，大鼻孔里冒着热气，白沫子沾在胡须上。我看呆了，自己的牙齿也动起来。

师：自己先读一读。（学生练读）

师：谁来读一读？（指名读）

师：我告诉大家这段文字的朗读密码：一，慢；二，重音轻读；三，边读边在脑海中想画面。

（学生根据朗读密码再自由练读）

师：我再请你试试看。

（刚才的那位学生再次朗读，这次朗读比上次有了很大的进步）

师：真好！在你朗读中我不仅听出了童趣，还听出了怀念。

【简析】对于“学咀嚼”部分的品读，从读入手，在学生试读的基础上，告知朗读密码，就使得朗读的指导实实在在，不再虚泛。让学生反复朗读，一次次地感受着童年那份遥远美好的童真童趣。他们的朗读也渐渐地入情入味，这就为感悟内容、了解表达特点打下坚实的基础。

师：林海英为什么会写得这么好？一定有她的写作密码，你发现了吗？

生：抓住动物的特点写（如：脸的丑，牙的长，态度的安静），用了排比的句式。

生：再抓住动物有特点的动作写；最后写自己入了神。

（师生、生生合作再读这个片段两遍）

师：读着读着，这种语言形成就定格在我们的脑海中。（全班背诵）

（出示）那样______，那样______，那样______。它们______的时候，__________。我__________，__________。

师：读着读着，我们体会到了作者的那份想念，读着读着，我们就知道，这样的语言可以表达这样的情感。让我们拿起笔来记录下你喜欢的某种动物的一个画面。（课件出示9种动物的图片）你可以写课件中的动物，也可以写自己喜欢的动物。

（生完成课堂练习卡，教师巡视）

（出示）课堂练习卡：那样______，那样______，那样______。它们______的时候，__________。我__________，__________。

生：那样丑丑的脸，那样长长的脚，那样硬硬的壳。它们游动的时候，四只脚前后划动着。我看呆了，自己的两只手也动起来了。

师：同学们猜猜，他写的是什么？

生：乌龟。

师：大家可以猜出来，说明你写成功了。但是看看林海英写骆驼的这段文字的样子，再和自己的对照一下，你可以改得更像吗？

生：我把“丑丑”改成“丑”，把“长长”和“硬硬”分别改成“长”和“硬”。

师：孺子可教也！再看看，第三个“那样”后面跟的“安静的态度”，我们可以改为？

生：努力的态度。

师：完美！大家也学着他这样把自己的课堂练习改一改。

（全班动脑动手修改）

生：那样尖的角，那样丑的脸，那样专注的样子。它们顶角的时候，眼睛紧紧地盯着对方，两个角顶在一起。我看呆了，自己的两个食指不觉得也使劲顶在一起。

师：大家猜猜写的是什么。

生：犀牛。

师：有没有写不在屏幕上的动物呢？

生：那样小的脸，那样胖的身，那样放心的神情。它们酣睡的时候，鼻子里发出“哼哼”的声音。我看呆了，自己的嘴里也“哼”起来。

（全班一起说“猪”）

【简析】课文语言秘密的发现不是由教师全盘托出，而是引导学生自己在阅读中发现。虽然对于高年级学生而言，学习句式进行仿写，要求偏低了些，但这节课做得比较扎实，尤其是描述的内容所表达情感与课文所蕴含的情感有一些关联，这有助于学生对课文内在情感的感悟。

师：同学们，小英子在《城南旧事》中不仅写了骆驼，还有写了金鱼，请看。

（出示）我把鼻子顶着金鱼缸向里看，金鱼一边游一边嘴巴一张一张地在喝水，我的嘴也不由得一张一张地在学鱼喝水。有时候金鱼游到我的面前来，

隔着一层玻璃，我和鱼鼻子顶牛儿啦！——摘自《惠安馆》

师：我请班级的朗读小能手来读一读。(指名读)

(学生读得非常好，全班鼓掌)

师：多么有趣啊，她不仅写了小金鱼，还写了小油鸡。

(师读，读出有趣。全班鼓掌)

(出示) 一个破藤箱子里，养了最近买的几只刚孵出来的小油鸡，那柔软的小黄绒毛太好玩了，我和妞儿蹲着玩弄箱里的几只小油鸡。看小鸡啄米吃，总是吃，总是吃，怎么不停啊！——摘自《惠安馆》

师：骆驼、金鱼、小油鸡都成了小英子童年最美好的回忆。所以她说——

(出示) 我默默地想，慢慢地写，又看见冬阳下的骆驼队走过来，又听见缓缓悦耳的驼铃声，童年重临于我的心头。

(全班深情地缓慢地齐读)

【简析】适度的拓展，有助于学生开阔视野，促进课外阅读。更重要的是，在比较阅读中，学生进一步感受作者喜爱动物的情感，再结合课文结尾的朗读，就使得课文这种意蕴深深地植根于学生的心田。

(三) 童年重临——《城南旧事》

(《送别》音乐起)

(出示)

冬天快过完了，春天就要来了。

夏天来了，再不见骆驼的影子。

夏天过去，秋天过去，冬天又来了，骆驼队又来了。

童年却一去不还了。

(老师读)

【简析】这几句话散落在文章里，揭示了“冬去春来，寒来暑往”时间的变化，也隐含着作者情感脉络的发展，尤其是最后一句“童年却一去不还了”的感叹，深深地道出了作者惋惜无奈的心声。教者拎出这几句话，在《送别》音乐背景下深情朗读，有助于学生感悟作者思念童年岁月的情感，也为下文的引读奠定了情感基础。

师：(看板书说) 冬阳底下学骆驼咀嚼的傻事，我也不会再做。

师：和爸爸一起议论驼铃的事。（生齐：我也不会再做）

师：想拿一把剪刀去剪剪驼毛这样的事。（生齐：我也不会再做）

师：苦苦追问妈妈骆驼去处的事。（生齐：我也不会再做）

师：可是，我是多么想念童年住在北京城南的那些景色和人物啊！

师：（看板书说）我是多么想念。（生齐：在冬阳底下学骆驼咀嚼的傻事）

师：我是多么想念。（生齐：和爸爸一起议论驼铃的作用的傻事）

师：我是多么想念。（生齐：在暖暖的阳光下想剪驼毛这样的傻事）

师：我又是多么想念。（生齐：苦苦追问妈妈骆驼去哪里这样的事）

【简析】围绕课文倒数第2段中的“冬阳底下学骆驼咀嚼的傻事，我也不会再做了，可是，我多么想念童年住在北京城南那些景色和人物呀”这个句子，以引读的方式对作者思念的内容进行了梳理，使得学生对隐含在文章中的情感有了清晰的了解，更加深刻地理解：童年的傻事不会再做，可是它们都融进了“我”的血液，成为“我”生命的一部分，“我”是多么地想念这一切。

师：我对自己说，把它们写下来吧。就这样，我写了一本《城南旧事》。它记录下我年少时最美好的时光。

（出示《城南旧事》目录）

生：（齐）《冬阳·童年·骆驼队》《惠安馆》《我们看海去》《兰姨娘》《驴打滚儿》《爸爸的花儿落了》。

（播放《朗读者》中的《爸爸的花儿落了》，全班静静地听。许多孩子的眼眶湿润了）

师：爸爸的花儿落了，我的童年也结束了。可是我是多么希望童年重临啊，于是——

（出示）我默默地想，慢慢地写，又看见冬阳下的骆驼队走过来，又听见缓缓悦耳的驼铃声。童年重临于我的心头。

（全班动情缓慢地齐读）

师：据不完全统计，半个世纪来，《城南旧事》有160多种版本，为什么它会如此经久不衰，受到这么多读者的喜爱呢？相信，你翻开它，就有了答案。

（下课）

【简析】这个结尾花时不多，但容量很大，效果不错。从点明作者的写作意图到出示《城南旧事》目录，从播放《朗读者》中的《爸爸的花儿落了》到再次出现课文的结尾，以及最后再次简介《城南旧事》。整个结尾环节进一步渲染了作者感叹童年流逝，希望童年重临的情绪环境，把学生的思路带向整本书的阅读，体现了读一篇带多篇的设计理念。

总评：

纵观林枫老师这节课，有以下几个特色。

1. 环节清晰，训练扎实——突出了一个“简”字。

简雅语文是林枫老师所倡导与追求的一个理念。所谓简雅的核心理念在于：简约而不简单，与此同时，要渗透美育，让课堂呈现美的境界。这节课较好地体现了她的理念与追求。在课中，林枫老师没有纠缠于内容的条分缕析，也没有煽情似渲染之痕迹，而是紧扣年段训练重点，聚焦于语言的表达形式，引导学生进行了扎实的训练。主要抓三个方面的教学，一是引导学生梳理文本脉络，整体感知内容：二是品读“学咀嚼”部分，学习作者观察细致和表达生动的语言形式，并尝试运用；三是采用“1＋x”的方法，以一篇的教学带动学生去阅读整本小说。目标显得集中且精准，教学就易于做到方向明确，过程不枝不蔓。

整体感知环节，林老师引导学生提取信息，梳理整合，使得学生对整篇文章的脉络有了比较清晰的认识，这对于理解、感悟文章的内在情感有着极其重要的意义。同时，这个过程有效地训练学生重整信息、直接推断、简要概括的能力。深入感悟课文内容环节，对“学咀嚼”这个部分的感悟，在指导朗读的基础上，直指语言的表达形式，让学生自读自悟，发现作者表达的秘妙。对于课文所运用的特殊句式，林老师没有过多的讲解，让学生熟读成诵之后，只是做了这样的点拨：“读着读着，我们体会到了作者的那份想念；读着读着，我们就知道，这样的语言可以表达这样的情感。”我觉得学生能有这样的感受就足够了，因为紧接着，林老师让学生运用这个句式，写自己喜欢的某种动物的一个画面。这个小练笔与课文内容感悟的联结点在于“喜欢的某种动物”，运用句式写出自己对动物的喜欢，就对课文所表达的情感有了进一步的感悟。而通过这个片段的学习，学生也基本掌握了从“作者观察细致和表达生动”角度去感悟其他三件事的方法，相信在第二课时中，学生会有更好的发挥。还有词语教学、引入课外片段比较教学以及朗读指导等等，都比较到位，富有成效。

总之，从总体来看，教学环节是简洁的，教师的语言是简练的，但学生所得到的训练是扎实的，所受到的感悟是比较深刻的，体现了“简约但并不简单”!

2. 情境美读，深入感悟——紧扣了一个“雅”字。

《冬阳·童年·骆驼队》是林海音的自传体小说《城南旧事》的序言，文风淡雅，画面优美，在朴实纯真的文字下，勾画出一幅记忆深处的童年印象，蕴含着浓郁的诗情——一种感悟人生的诗情，营造出了一种深沉广阔的意象空间和情感空间。正是这一特点，使得引导学生走进英子的童年有一定难度。林枫老师的做法有三点。

一是创设情境。从揭示课题时播放电影《城南旧事》的主题曲《送别》的 MTV，简介林海英的生平，到结尾时播放《朗读者》中的《爸爸的花儿落了》，其目的都是为了创设一个情境，将学生带入文本所描述的画面中去，与文本对话，与作者的心灵对话，从而走进英子的童年。

二是注重美读的指导。引导学生通过反复的朗读来体会文章的情感，无疑是林枫老师在这节课中所采用的重要方法之一。教者采取了范读、配乐齐读、引读等各种方式，让学生读中品析、读中悟情。在品读“学咀嚼”环节，教者着重在朗读方法上予以细致的指导。在引读环节，在《送别》音乐声中，出示：

冬天快过完了，春天就要来了。

夏天来了，再不见骆驼的影子。

夏天过去，秋天过去，冬天又来了，骆驼队又来了。

童年却一去不还了。

教师深情朗读之后，进行了逐次加深扩展的引读，将课文倒数第 2 段中的“冬阳底下学骆驼咀嚼的傻事，我也不会再做了，可是，我多么想念童年住在北京城南那些景色和人物呀”这个句子的内涵具体化、形象化，让学生置身于文本之中，仿佛身临其境地看到冬阳下的骆驼队，听到缓缓悦耳的驼铃声，从而对作者“淡淡的感伤、深深的怀念”有了更深刻的体会与感悟。

三是抓住结尾这个特殊场景。课文的结尾意味深长，它既是所回忆的四件事的总联系点，也是作者写作意图的直接体现处，同时画面优美，意蕴深刻。林枫老师在本节课中先后四次出示结尾，引导学生感悟、诵读。力图通过复沓的方式，不断地强调：童年重临心头那种淡淡的感伤与深深的怀念，使学生在一次次的情感冲击中，渐渐感受到林海音在写作时的内心情感。

通过情境美读，深入感悟，学生对文本理解的深度、情感的厚度、心灵的广度都有了明显的提升，也使得那种淡淡的感伤、深深的思念的感情基调氤氲在整节课中，课堂也体现了美、展示了“雅”。

3. 由篇及书，拓展比较——书写了一个“活”字。

统编语文教科书总主编温儒敏教授指出，统编语文教科书力图构建“教读＋自读＋课外导读”的“三位一体”教学体系，但如此还不够，他还提出教师要为语文课“加码”，采取“1＋x”的教学措施他强调，“语文课怎样才算成功？一定要延伸到课外阅读，让学生养成读书的生活方式”。林枫老师在《冬阳·童年·骆驼队》的教学中努力践行温儒敏教授的这一理念，想方设法打通《冬阳·童年·骆驼队》这篇课文与《城南旧事》整本书的联系，把学生的阅读视野引向整本书的阅读，做了有益且有效的尝试。课伊始的简介，课结尾时展示目录、播放《朗读者》中的《爸爸的花儿落了》，以及最后再次简介《城南旧事》等，相对密集地介绍与课文密切相连的整本书的信息，激发学生阅读期待。林老师在本课中，还进行了拓展阅读，在引导学生品读“学咀嚼”中，链接补充了《城南旧事》中的《惠安馆》有关写动物的片段，一方面有助于学生更好地理解作者对动物的喜爱、对童年生活的留恋；另一方面，再次把学生的目光引向更广阔的阅读空间，实现以一篇带动一部小说的阅读。这样的整体设计无疑是符合当前的阅读教学改革趋势的，是一种比较“活”的教学理念的体现。

要说本课的遗憾之处，我以为，比较明显的有两处，一是受制于公开课时间的限制，教者精讲“学咀嚼”后，就进行全篇教学式的收尾，使得听者或读者无法窥视整体。二是在品读“学咀嚼”时，重视了语言形式的品析与运用，对于内容的感悟力度、深度还不够，学生对“作者看得很投入”的感受，对“作者观察得很仔细”的体会，还不够深刻。

参考文献

[1] 许卫兵. 简约数学教学 [M]. 南京：江苏教育出版社，2011.

[2] 朱文红. 巧用课后习题，落实语文要素 [J]. 福建教育，2018 (10).

[3] 李如密. 课堂教学艺术新论 [M]. 福州：福建教育出版社，2014.

[4] 冯为民. 语文微探究教学的文化传承与理解 [J]. 中学语文教学参考，2016 (7).

[5] 王钦雄. 追求教学风格，让语文课堂精彩纷呈 [J]. 学校教学研究，2016 (4).

[6] 余文森. 核心素养导向的课堂教学 [M]. 上海：上海教育出版社，2017.

[7] 林枫. 语用背景下课堂目标制定的框架及运行 [J]. 教学与管理，2016 (12).

[8] 成尚荣. 核心素养的中国表达 [M]. 上海：华东师范大学出版社，2018.

[9] [古希腊] 亚里士多德. 亚里士多德合集（第八卷）[M]. 苗力田，译. 北京：中国人民大学出版社，1997.

[10] [美] 威尔·杜兰特. 哲学的故事 [M]. 金发燊，译. 北京：三联书店，1997.

[11] 黄伟. 优美课堂：课堂教学质量观重建 [J]. 课程·教材·教法，2018 (8).

[12] 义务教育语文课程标准（2011 年版）[M]. 北京：北京师范大学出版社，2012.

[13] 鲍道宏. 教儿童学会阅读 [M]. 福州：福建人民出版社，2016.

[14] 林枫. 指向语文核心素养的简雅课堂研究 [J]. 教育评论，2019 (6).

后记

让简雅之美优雅语文

当“简雅”翩然而来之时，就宛如我蓦然回首见到的那位“伊人”。兜兜转转，寻寻觅觅，原来就是你——简雅。虽道阻且长，我坚信行则将至；若不能至，然心向往之，也无限美好。

最重要的是，“简雅”对语文是那么的贴切合适。中华传统文化源远流长，三千年的诗韵，如繁星璀璨，美丽的母语文化一定要有雅致的课堂教学相衬。如何才能让课堂美起来、雅起来呢？“简”是必备条件，“删繁就简三秋树，领异标新二月花”。语文教学就要如三秋树，瘦劲秀挺，以少许胜多许，又要如二月花，一花引来百花开，简之极，雅之至。语文是最美丽的课程之一，语文课堂的极致雅美，正是让学生喜欢语文、爱上语文的必备条件。而教师在教得有效、教得巧妙中，不断追求教出美感，教出风格，让学生在轻松、愉悦中，学得扎实、深刻。一切教育的核心都是指向人的发展，语文教学要培养具有风雅精神的文雅少年，少年风雅则国风雅！

庄子说：“始生之物，其形必陋。”虽说简雅语文教学的研究已经走上了萌芽、破土、生长、开发的历程，但其仍然只是处于初始阶段，浅陋和局限是不言而喻的。一路走来，百感交集，由衷感谢三年来名师培养的导师团队和福建省林枫名师工作室的教师团队的支持与陪伴。这中间，有艰涩困顿的彷徨，有柳暗花明的欣喜，有导师的悉心指导，有名师同学的鼓励帮助，正所谓“师傅领进门，修行在个人”。

总觉得自己是负了“简雅”，就像《蒹葭》写的，我向着在水一方那个最衷情的意中人“溯洄”“溯游”。追寻的过程已经足够的诗意和美好了，无论是对于自己，还是对于他人。尽管在语文教学这条路上已经奔跑了二十九个年头，但我理想中的简雅课堂似乎永远都在水一方，我永远都在追求这个美好境界的路上。

因此，这本书呈现的是“我的简雅语文”，或者确切地说是“林枫”的语文。我所能展现的，也只是其中一条繁花盛开的小路。它不是语文的全部，更不是唯一的正确，它只是一种可能、一种角度、一种参照、一种尝试，一种我至今还没有想清楚的芳草地……

谢谢您阅读这本书！

林　枫

2019年11月于平潭

图书在版编目（CIP）数据

简雅语文教学/林枫著．—福州：福建教育出版社，2020.10（2022.1重印）
（福建省第二届小学名师培养丛书）
ISBN 978-7-5334-8796-6

Ⅰ．①简…　Ⅱ．①林…　Ⅲ．①小学语文课—教学研究　Ⅳ．①G623.202

中国版本图书馆 CIP 数据核字（2020）第 111752 号

福建省第二届小学名师培养丛书
Jianya Yuwen Jiaoxue
简雅语文教学
林　枫　著

出版发行　福建教育出版社
（福州市梦山路 27 号　邮编：350025　网址：www.fep.com.cn
编辑部电话：0591-83726908　83727542
发行部电话：0591-83721876　87115073　010-62027445）
出 版 人　江金辉
印　　刷　北京一鑫印务有限责任公司
（北京市顺义区北务镇政府西 200 米　邮编：101300）
开　　本　710 毫米×1000 毫米　1/16
印　　张　11.5
字　　数　182 千字
版　　次　2020 年 10 月第 1 版　　2022 年 1 月第 2 次印刷
书　　号　ISBN 978-7-5334-8796-6
定　　价　30.00 元